FRÈRES DE SANG

ÉLIAS CHACOUR

FRÈRES DE SANG

En collaboration avec David Hazard

Traduit de l'américain par Jérôme Bodin

2e édition

« Pour quoi je vis »

LES ÉDITIONS DU CERF
29, boulevard Latour-Maubourg, Paris
1986

Ce livre a été publié originellement aux U.S.A. par Chosen Books/Zondervan Publishing House, Grand Rapids, Michigan, sous le titre *Blood Brothers*.

ISBN 2-204-02441-4

Je dédie ce livre à la mémoire de mon père dont l'histoire des hommes ne retiendra pas le souvenir, mais dont néanmoins Dieu garde le nom, comme celui d'un enfant bien-aimé : natif de Biram en Galilée, réfugié dans son propre pays, Michael Moussa Chacour ne parla jamais que le langage de la patience, du pardon et de l'amour.

Je dédie également ce livre à mes frères et sœurs juifs morts à Dachau, ainsi qu'à mes frères et sœurs palestiniens, martyrs des camps de Tell El Zaatar, Sabra et Chatila à Beyrouth.

EN GUISE D'INTRODUCTION

Avant de m'installer devant le clavier de ma machine à écrire, j'avais une sorte de prévention à l'endroit de ce livre, je pensais qu'il pouvait s'agir d'un de ces ouvrages communément appelé « d'opinion », ceci pour la simple raison que *Frères de sang* apparaît comme une œuvre très différente de la littérature consacrée au Proche-Orient. Elle dépasse l'habituelle controverse politique sur la question du légitime propriétaire de cette terre. Pour des causes identiques, celles qui fouillent les zones toujours enténébrées du cœur et de la conscience, ces lignes dérangeront certains, elles satisferont d'autres, car ce qu'elles portent ne relève pas du débat politique abstrait, mais de l'histoire vécue par des êtres de chair et d'os.

Je n'étais pas conscient de mes préjugés au sujet de la solution du conflit proche-oriental avant d'avoir entendu parler Élias Chacour. Une après-midi, feuilletant les pages du *Sojourner's Magazine,* mes yeux se posèrent sur un article de Jim Forrest, intitulé : « Les enfants d'Ismaël sur la Terre promise »[1]. Je me sentis fortement interpellé par l'interview percutante d'un dirigeant palestinien chrétien nommé Chacour. Quelle ne fut pas ma stupéfaction devant la prise de conscience de mes réactions ! Ce désir profond d'une réconciliation entre Juifs et Arabes, cet amour vrai pour les deux peuples me parut très émouvant. Bouleversé par la découverte de cet aspect méconnu du conflit israélo-arabe, j'éprouvai toutefois un sentiment d'obscur malaise. J'en avais pourtant entendu au sujet du terrorisme arabe et de l'Organisation de libération de la Palestine ! En fait, je n'avais jamais prêté attention à l'existence des Palestiniens chrétiens, provoqués, eux aussi, dans

1. *Sojourner's Magazine,* septembre 1980.

leurs consciences par le message de paix de Jésus-Christ, face au plus douloureux des conflits mondiaux. Pourquoi, mais pourquoi donc, n'avais-je pas entendu parler plus tôt de Chacour et de ses coreligionnaires ?

Comme une pointe enfoncée au cœur de ma conscience, l'interview de Forrest me poursuivit longtemps. Jusqu'au moment où, au printemps de 1983, elle provoqua en moi le désir de me rendre en Galilée afin d'y rencontrer Chacour dans son petit village d'Ibillin. Perché sur les hauteurs verdoyantes de Nazareth et dominant les vergers qui s'étalent le long de la Méditerranée, Ibillin abrite une population composée de chrétiens et de musulmans. Arrivé sur place, les préjugés d'occidental que je nourrissais à l'égard des Palestiniens, me sautèrent aux yeux, brutalement, douloureusement.

Je m'attendais à trouver en Chacour, pasteur de l'Église melkite d'Ibillin, un homme naïf et fruste. Quel ne fut pas mon étonnement en découvrant un homme fascinant, de stature moyenne, au torse puissant, le visage mangé par une barbe noire de prophète, rehaussée çà et là de quelques poils gris argenté ! Cet être tout entier rayonnait d'une intense chaleur humaine.

Au fur et à mesure de notre entretien, je découvris que Chacour avait fait ses études à Paris. Auteur d'une thèse de doctorat, il parle huit langues dont l'ougaritique, matrice commune de l'arabe et de l'hébreu. Il est diplômé de l'Université hébraïque de Jérusalem. De plus, ses fréquents voyages le conduisent aussi bien dans les églises et les synagogues de tous les continents que devant les grands de ce monde et les chefs de gouvernement. A tous ceux qu'il rencontre, Irlandais catholiques ou protestants, Indiens ou Pakistanais, Juifs ou non-Juifs, il dévoile les secrets d'une paix durable.

Pas plus que son pasteur, ce petit village palestinien d'Ibillin ne correspondait à mon schéma mental préfabriqué. C'est vrai, les maisons de parpaings, entassées le long de la route, sont pauvres aux yeux d'un Occidental, les chèvres et les ânes errent un peu partout, les chats ne ressemblent que d'assez loin à des animaux domestiques et la construction de la première école secondaire du village ne remonte qu'à 1983. Pourtant, sous cette apparente pauvreté, se cache une grande richesse de vie spirituelle. Les conteurs et les poètes publics abondent, les adolescents chantent et dansent lors d'une fête en l'honneur de leurs mères et les jeunes voix de la chorale animent l'église.

Le rigoureux exposé de mon interlocuteur provoqua en moi le désir d'un débat passionné. Ne disait-il pas que Dieu avait donné aux Palestiniens de vivre en Israël, cela malgré les revendications de nombreux Israéliens qui se considèrent, de droit biblique, comme les seuls et uniques propriétaires de cette terre. Chacour manifeste également une douce impatience à l'égard de ceux qui viennent visiter les monuments sacrés et qui ignorent les hommes ; ceux qui viennent seulement pour voir « des pierres saintes et du sable saint ». « Êtes-vous venus pour des ruines ou bien désirez-vous apprendre quelque chose sur les pierres vivantes ? » me demanda-t-il avec un large sourire, directement provocant.

Que je puisse être un écrivain occidental de plus venu allonger la liste de ceux qui présentent d'une manière partiale et sèche le problème du Proche-Orient, cela l'inquiétait. « Pouvez-vous m'aider à faire savoir que la persécution et les *a priori* juifs sont aux yeux de Dieu une offense aussi grande que les exactions palestiniennes ? » me dit-il d'une voix suppliante. « Je travaille dans le but de désarmer mon frère juif afin qu'il puisse lire les mots " Je t'aime " dans mon regard. J'ai mille projets merveilleux à la fois pour les enfants juifs et palestiniens. »

Notre rencontre provoqua en moi une quête ardente de vérité, au milieu de cette boue de violence, de récriminations et de revendications politiques et spirituelles. Écrire la vie d'un tel homme n'était pas facile. Mon désir de raconter son histoire et d'en dégager la perspective ralentit péniblement ma plume. D'autant que mes opinions politiques et mes anciennes croyances aux prophéties bibliques furent mises à rude épreuve tout au long de la rédaction.

Le drame humain, la compassion et la paix qui brillaient dans le cœur d'Élias Chacour et que je voulais découvrir pour moi-même ont motivé ma démarche et ma collaboration à *Frères de sang*.

Son témoignage est authentique. Il m'a ému comme peu m'ont ému. Il est un cri de foi lancé au milieu de l'indignité, de la haine et de la violence, dans l'enfer du Proche-Orient. L'histoire d'Élias débute dans cet enfer.

David Hazard,
mars 1984.

1

NOUVELLES DANS LE VENT

D'évidence, mon frère s'était trompé. Je ne pouvais guère le croire. Dangereusement penché au-dessus du vide, mes pieds nus enlaçant le tronc, je laissai malencontreusement choir une masse de figues sur la tête du pauvre Atallah qui venait juste de m'apporter de curieuses nouvelles.

— Une fête, criai-je du haut de mon instable perchoir. En quel honneur ? Qui t'a dit ça ?

— Mère a dit qu'il allait se passer quelque chose de *très important* au village, répliqua-t-il, en évitant la pluie de figues qui lui dégringolait sur le crâne. Père va acheter un agneau, ajouta-t-il sur un ton entendu.

Un agneau ! Diable ! Ça doit être vraiment important. Mais pourquoi donc ? Nous sommes encore à quelques semaines de Pâques, me dis-je, tout en reprenant une position plus assurée sur ma branche. Notre famille avait coutume de célébrer Pâques avec un rôti d'agneau. Chose assez exceptionnelle pour être remarquée, Pâques était l'une des rares occasions de l'année où nous mangions un peu de viande. Nous savions tous — car Père nous le rappellait souvent — que l'agneau symbolisait Jésus, l'Agneau de Dieu. Bien évidemment, il m'apparut clairement que Père n'allait pas acheter un agneau. D'ailleurs, nous achetions rarement. Comme tout le monde au village de Biram, nous nous procurions ceci ou cela en troquant ce que nous pouvions fabriquer, planter ou faire pousser.

Je suis certain qu'Atallah comprit qu'il risquait une nouvelle avalanche de figues et de questions s'il restait dans les parages. Déjà, il trottinait vers le bout de jardin où, d'ailleurs, j'aurais dû me trouver pour aider Mère et les autres à « dépierrer ». Interminable labeur, même en 1947 : personne à Biram ne possédait de machines agricoles. Une heure auparavant, à la sortie de l'école, j'étais allé me cacher dans ce figuier — « mon arbre », comme je l'appelais — afin d'échapper au travail. En regardant Atallah, je me demandai quel événement inattendu viendrait troubler le cours trop régulier de nos vies.

« Il faut que je trouve Père et que je lui demande moi-même », décidai-je. Au lieu de me laisser tomber dans l'herbe du verger pour suivre mon frère, je me hissai encore plus haut dans le figuier, jusqu'au faîte. Les branches pliaient dangereusement sous mon poids. C'était mon refuge ! Il avait l'avantage d'être un excellent poste d'observation, et aussi de porter non pas une, mais six variétés de figues.

Magicien des vergers, mon père avait accompli une sorte de miracle naturel en greffant les bourgeons de cinq autres figuiers sur le tronc d'un sixième. Une vigne, touffue et ondoyante, enlaçait harmonieusement le tronc, se répandait dans les branches et y suspendait des grappes savoureuses. Il m'arrivait souvent l'après-midi, de grimper, tel un singe, vers le sommet et de déguster plus qu'à satiété les fruits juteux. J'allais ensuite me réfugier dans les tendres bras de Mère qui me cajolait moi, son dernier fils, le petit brun, le chouchou.

— Élias, roucoulait-elle, en hochant la tête, tu n'apprendras donc jamais ?

Et moi, en geignant j'enfouissais ma tête dans son épaisse chevelure tandis que mes quatre frères aînés et ma sœur me regardaient d'un air d'envie.

Pour l'heure, le bras accroché à la plus haute branche, j'écartais les feuilles doucement enroulées et je cherchais à offrir mon visage au soleil printanier qui descendait à l'horizon. Père était peut-être dans le verger. Rangée après rangée, les figuiers s'étendaient sur plusieurs acres, en pente douce, en s'éloignant de la maison. La colline n'était qu'un bruissement de verdure. Les feuilles largement épanouies cachaient une source d'eau fraîche et une grotte sombre et moussue, près de laquelle nos chèvres et tout notre bétail venaient chercher un peu d'ombre en été. Au-delà de nos vergers s'élevaient les majestueuses et luxuriantes collines de haute Galilée. De loin, elles paraissaient violette. « La plus belle région de Palestine », répétait souvent Père. Comme toujours lorsqu'il évoquait sa terre bien-aimée, un voile de rêves embués semblait se poser sur ses yeux bleu pâle.

J'avais beau chercher : Père ne rôdait pas entre les arbres pour le moment. Il y passait la plupart de ses journées à travailler avec mes frères, les initiant à tous les secrets de leur futur rôle d'époux. Je n'avais que sept ans, et l'on me jugeait trop jeune — et trop étourdi — pour apprendre quoi que ce soit au sujet des figuiers. Avec ou sans moi, Père et mes frères avaient tout de même réussi à récolter trois tonnes de figues d'une belle couleur dorée, lors de la dernière cueillette.

Sautant de branche en branche, je descendis de l'arbre, avec une intrépidité qui aurait fait pâlir ma mère. Je me retrouvai au sol et aussitôt, je me précipitai vers la place du village : quelqu'un y avait sûrement vu Père.

Je m'élançai par les étroites ruelles, plutôt des passages, des rigoles d'évacuation qui reliaient les unes aux autres les maisons du village, à l'ombre des cèdres et des oliviers vert argent. J'évitai, sur mon chemin, là une chèvre, là des poulets. Biram me paraissait n'être qu'une seule et même maison. Depuis plusieurs siècles, la famille Chacour, à laquelle j'appartenais, menait ses troupeaux sur les plus hauts pâturages de Galilée. Mes grands-parents avaient toujours vécu là, dans une maison presque voisine. Tant d'oncles, de tantes, de cousins et de parents éloignés habitaient ces lieux que chaque endroit me semblait être une pièce où vivait une autre partie de ma famille. Toutes les demeures s'étageaient harmonieusement en direction de la nôtre, la dernière, située à l'extrémité du hameau. Sur cette terre, en ces lieux assoupis sous le firmament méditerranéen depuis tant de générations que tous les foyers ne formaient qu'une seule famille, Biram avait grandi, tout occupé à l'éducation tranquille de ses enfants et à la récolte de ses moissons.

Et voilà qu'aujourd'hui, cette famille semblait me cacher un secret. Je courai d'une maison à l'autre. Des femmes en petits groupes, un fichu sur la tête et vêtues de longues robes noires, papotaient avec excitation. Je fis soudain irruption avec une sorte de frénésie impatiente et curieuse au milieu de femmes plus âgées qui devaient être quelques-unes de mes nombreuses « grand-mères ». Leurs gloussements ne s'arrêtèrent que le temps de me faire taire et de me faire repasser vivement la porte.

L'âme en peine, je trottinai vers l'église qui était le cœur de Biram. Le village tout entier s'y entassait le dimanche, sous les arcs de pierres. Petit bâtiment jouxtant l'église, la maison paroissiale servait d'école pendant la semaine. Nos bruyantes et trépidantes activités en ébranlaient les fondations. Cette année, pour la première fois, j'allais en classe, et j'avoue que cela me plaisait beaucoup. Un groupe d'hommes discutaient bruyamment dans la cour de l'église tapissée de mousse. Père n'y était pas. Je repartis aussitôt en direction de la place située en contrebas.

Ce lieu m'intimidait toujours. Royaume des hommes, particulièrement des anciens, il m'inspirait un léger sentiment de crainte mêlée de respect. Les enfants n'y étaient tolérés qu'en raison de leur nombre, aussi impossible à contenir que des gouttes de pluie. Cependant, nous savions garder une respectueuse distance entre nos jeux stupides et les groupes d'hommes qui, le soir venu, se rassemblaient pour grapiller et commenter les nouvelles que des marchands ambulants venus de lointains villages apportaient avec les marmites rutilantes, les couteaux, les chaussures et autres articles. Sur un côté de la place, s'élevaient les ruines chancelantes d'une ancienne synagogue. Père nous avait raconté qu'en ce lieu, plusieurs siècles auparavant, les légions romaines avaient bâti un temple païen. Plus tard, les Juifs le détruisirent et élevèrent un sanctuaire destiné à l'adoration du seul vrai Dieu. Et voilà que maintenant, la synagogue, à son tour, était en ruine. Il était interdit de jouer parmi les fûts des colonnes écroulées. Les enfants assez téméraires pour braver l'interdiction recevaient une prompte et sévère correction : ces lieux étaient toujours considérés comme sacrés.

Ce jour-là, je me précipitai sur la place inondée de soleil et je faillis m'étaler, tant j'allais vite. Je fus tout étonné de découvrir que l'endroit n'était pas réservé aux seuls vieillards qui sommeillaient aux heures chaudes de l'après-midi. Des hommes, des jeunes et des moins jeunes, s'y entassaient dans tous les coins. Ils tenaient des discussions animées... Mais à quel propos ? C'était certain, tous, sauf moi, connaissaient la nouvelle.

Impatient, je scrutai de toutes mes sombres prunelles ces groupes agglutinés, à la recherche de la mince silhouette de Père. Peine perdue ! Pratiquement tous les hommes portaient le *keffieh,* sorte de tissu blanc qui protége la tête du soleil et du vent de Galilée. Au premier coup d'œil, tous auraient pu être Père !

Précautionneusement, je me frayai un passage dans ce magma humain, avec l'espoir d'y reconnaître son maigre et doux visage. Jusqu'à présent, en effet, les mines que j'avais pu voir étaient tendues et graves. Les sujets de conversation devaient être sérieux. S'il n'en était pas ainsi, tous ces hommes ne seraient pas rassemblés là, par une après-midi printanière, alors que les champs attendaient d'être labourés et les arbres d'être taillés.

Je ne cherchai pas du tout à écouter ce qui se disait. Cependant, je ne pus m'empêcher de comprendre, parmi les murmures et les chuchotements, l'annonce d'une visite exceptionnelle à Biram. Qui donc était ce visiteur ? La venue de l'évêque était toujours un événement, mais elle était suffisamment régulière pour ne pas provoquer ce remue-ménage.

Je ne passai pas inaperçu en rôdant de la sorte. Glissant ma tête à l'intérieur d'un cercle, mes yeux croisèrent le regard noir et charbonneux d'un des deux *muktars* de Biram, vieux chef du village. Maladroitement, je tentai de m'esquiver, lorsque sa voix rocailleuse et quelque peu sévère vint jusqu'à moi.

— Que cherches-tu ici, Élias ?

Je rougis. Apprendrai-je un jour à ne pas me mêler de ce qui ne me regarde pas ?

— Je... euh... Avez-vous vu mon père ? Il faut que je le trouve, c'est important.

J'espérai avoir mis assez de conviction dans le ton de ma voix, cela d'autant plus que, mourant de curiosité, je disais la vérité.

La sévérité de son visage s'estompa légèrement.

— Non, Élias, je ne l'ai pas vu. Il est probablement...

— Je lui ai parlé tout à l'heure, dit un autre homme. Il est allé au ravitaillement. Je ne sais pas exactement où. Peut-être au village juif.

Sur ces mots, il se plaça de nouveau devant moi et referma le cercle. Heureusement, j'étais oublié.

Le village juif ? Peut-être ! En déguerpissant, je me souvins que Père y allait souvent pour faire du troc. Beaucoup de Juifs des environs venaient à Biram dans le même but. Quand ils s'arrêtaient chez nous pour s'approvisionner en figues, Père les accueillait avec une hospitalité légendaire et avec une tasse d'un café doux-amer et goudronneux, la tasse de l'amitié. Un de ces visiteurs m'émerveillait particulièrement : presque toutes les semaines, il entrait dans notre cour au volant d'une automobile toute noire impeccablement brillante. C'était la première voiture que je voyais de ma vie.

Parvenu à l'extrémité du bourg, je m'arrêtai et j'allongeai le cou du plus loin que je pouvais pour voir la route en contrebas. Déserte ! Si Père était en chemin vers le village juif, il devait être parti depuis longtemps.

Mon impatience grandissait. J'étais incapable de détacher mes yeux de la route. J'espérais toujours l'y apercevoir. Au-delà de la colline, la voie obliquait vers le sud en direction de Gish, le plus proche village. Plus bas, à peu de distance, se dressait le mont des Béatitudes, sur la rive nord de la mer de Galilée que de l'endroit où j'étais, je ne pouvais apercevoir. Je ne l'avais jamais vue car, du village à quelques kilomètres, c'était un trop long voyage.

Je ne connaissais presque rien des contrées situées au-delà de la mer de Galilée. Je ne me représentais même pas ce monde irréel à mes yeux, un monde dont Père disait qu'il n'avait fait que s'entre-déchirer. Je ne pouvais pas comprendre cela tant mon univers à moi était paisible, fait de plantations de figuiers, d'oliveraies et d'innombrables cousins, oncles et tantes. D'une moisson à l'autre, le temps s'écoulait presque sans que l'on s'en rende compte, ponctué seulement par les naissances, les décès et les vacances. Ici, je me sentais en sécurité et protégé, comme si les bras de Dieu étreignaient nos collines, à la manière des robustes pierres voûtées de notre église. Vision enfantine du monde, certes ! Je n'avais que très vaguement connaissance de quelques lointaines agitations.

Avant ma naissance, au milieu des années 30, il y avait bien eu des troubles. Père nous avait parlé de la résistance aux Britanniques qui avaient chassé les Turcs et qui nous protégeaient désormais, en vertu d'un mandat temporaire. Des grèves et des fusillades vite jugulées avaient secoué Jérusalem, Haïfa et toute la Palestine. Un incident de plus à inscrire dans la longue histoire des armées qui avaient traversé ou occupé notre pays. Puis, les événements semblaient s'être apaisés. On avait espéré que les Britanniques instaureraient rapidement un gouvernement palestinien libre, selon les termes mêmes de leur promesse. Comment pouvions-nous deviner à Biram, sans un seul poste de radio et sans journaux, même en cette fin des années 40, qu'un vaste plan d'ensemble était sur pied, ou que d'autres forces puissantes à Jérusalem, en Europe, en Grande-Bretagne et aux U.S.A., scellaient déjà le sort de notre petit village et de tout le peuple palestinien ?

Sur la route de Biram, le soleil flamboyant qui sombrait derrière les collines me voyait découragé. Toutes mes pensées s'envolaient vers Père. Et Mère... Seigneur ! J'avais oublié Mère ! A coup sûr, elle était rentrée des champs, chagrinée de constater une fois de plus mon escapade. A peine avais-je pensé à cela que, déjà, mes pieds volaient vers la maison.

Dès l'abord de notre verger, la douce et familière odeur du feu de bois allumé par Mère à laquelle s'ajoutaient les effluves du pain que l'on faisait cuire, me saisirent. Mère était penchée sur son four, à proximité de la maison, tandis que ma sœur Wardi alimentait les flammes avec des morceaux de bois, et que des feuilles de vignes farcies, au goût piquant, cuisaient sur le foyer. Mes frères s'activaient aux corvées de bois et d'eau. Si seulement je parvenais à rentrer en me faufilant avec eux, Mère ne s'apercevrait peut-être pas que je m'étais encore absenté... Mais Atallah me vit le premier. Le plus proche de moi par l'âge, il était mon meilleur allié, et parfois mon pire rival.

Sur sa figure, apparut un rictus qui en disait long. Il claironna du plus fort qu'il put :

— Mère, voilà Élias !

Mère leva son regard vers moi, son doux visage illuminé par le reflet des flammes du foyer. Un fichu de couleurs vives maintenait ses cheveux en chignon. Je me fis tout petit par crainte de me faire gronder. Cependant, à cet instant, elle me paraissait étrangement bouleversée. Son tendre regard semblait s'abîmer dans ses pensées.

— Va aider Musah à porter l'eau, murmura-t-elle, en m'éloignant d'un simple signe de la main.

Musah, l'aîné d'Atallah, se précipita sur moi en un clin d'œil et me jeta un seau vide.

— Active-toi, m'ordonna-t-il, avec un sourire de triomphe.

Ma tension intérieure était à son maximum : il me fallait savoir à tout prix.

— Mère, que se passe-t-il à Biram ? Père est-il allé acheter un agneau ? Y a-t-il une fête ?

— Prends le seau, répéta Musah dont le sourire s'évanouit.
— Mère, je t'en prie, dis-moi ! Tout le monde est au courant sauf moi, et...
— Une fête ? Eh bien, oui. Peut-être. Père veut te le dire lui-même. Je t'ai demandé d'aller aider ton frère.
— Veux-tu venir, dit Musah, en me frappant avec le seau.
— Mère ! Criai-je en trépignant rageusement.

A cet instant, j'entendis une voix qui m'interpellait à travers les arbres.
— Hello, Élias. Je suis content de voir quelqu'un heureux d'être serviable.

Surgie de la profondeur verte et ombragée des figuiers, une silhouette mince apparut dans le halo de lumière qui rayonnait autour du foyer.

Enfin ! Père était de retour ! Il tirait un agneau par une cordelette.

Tous les soirs, le retour de Père à la maison apportait une sérénité quasi surnaturelle. Ses yeux brillaient à la lueur tremblotante du feu. Son sourire calme et apaisant relevait toujours les pointes de ses épaisses moustaches. En sa présence, nos disputes d'enfants s'arrêtaient net. Sur ce point, Père était intraitable. L'amusement était une chose mais dans la famille de Michael Chacour aucun geste de violence n'était toléré. Je crois que nous avions tous conscience du calme de Père qui semblait le situer au-dessus des querelles villageoises ou domestiques : c'était avant tout un homme de paix. Je brûlais de lui poser mille questions, je me précipitai vers lui, mais la fatigue qui pesait sur ses épaules me dicta une autre attitude. A cinquante ans, Père n'était plus un jeune homme. Ses cheveux et sa moustache châtain clair se teintaient de reflets gris argenté. Pour une fois, je tins ma langue et me contentai de caresser le museau de l'agneau. Père se tourna vers Mère en souriant.
— Katoub, le Seigneur a-t-il prévu quelque chose pour nourrir ces enfants affamés ?

Mère n'avait pas besoin de ses discrètes allusions pour comprendre que son estomac était vide et ses pieds douloureux.
— Venez vite, les enfants, dit-elle en s'activant. Elle envoya Musah à l'étable, proche de la maison, pour mettre l'agneau à l'abri et elle nous rassembla tous en cercle autour du feu. Par ce rituel quotidien, elle disciplinait et calmait les enfants, car les soirées appartenaient à Père.

Celui-ci ne semblait pas le moins du monde troublé, même si des nouvelles importantes flottaient dans l'air. J'étais sur le point d'éclater, tant était grande ma curiosité refoulée ! Il s'installa près du feu, avec un calme royal et Mère lui servit une bonne assiette de soupe fumante.

Il la posa au moment précis où j'étais certain de ne plus pouvoir me contenir davantage.

— Venez ici les enfants. J'ai quelque chose de particulier à vous dire, dit-il en nous faisant signe de nous asseoir près de lui. La nuit, sombre et fraîche, était tombée. Je me pressai contre lui.

— En Europe, commença-t-il, — et je ne fus pas sans remarquer une ombre de tristesse dans son regard — vivait un homme nommé Hitler. C'était un démon. Pendant longtemps, il a tué des Juifs. Des hommes, des femmes, des vieillards, et même des garçons et des filles comme vous. Il les tuait tout simplement parce qu'ils étaient juifs. Sans autre raison.

Je n'étais pas préparé à des mots aussi horribles. Quelqu'un qui tuait des Juifs ? Cette seule pensée me glaça le sang et me retourna le cœur.

— Maintenant, Hitler est mort, poursuivit Père. Mais nos frères juifs ont été durement éprouvés et choqués. Ils ne peuvent retourner dans leurs maisons en Europe, et ils n'ont pas été bien reçus dans les autres pays du monde. Aussi viennent-ils ici pour y chercher une demeure.

— Dans quelques jours, dit-il en observant nos visages, des soldats juifs vont passer par Biram. On les appelle les *sionistes*. Ils logeront dans les maisons du village. Certains demeureront ici même, avec nous, pour quelques jours, peut-être une semaine. Puis ils partiront. Ils sont armés, mais ne tuent pas. Vous n'avez aucune crainte à avoir. Nous devons être particulièrement gentils avec eux, et leur donner la chaleur d'un foyer.

Fixant tout le monde, je me demandai quelles pouvaient être les pensées de chacun. Sur le visage de Wardi, je lisais des sentiments mitigés. Grâcieuse, souple comme un rameau d'olivier, et déjà presque femme, elle tenait sa minceur de Père. Je ne pouvais deviner exactement ce qui traversait son esprit. Mon frère aîné Rudah était assis près d'elle. A la lueur du feu, avec son teint pâle, ses cheveux un peu plus clairs, son visage étroit et son nez aquilin, il ressemblait à l'étude qu'un artiste aurait pu faire sur Père lorsqu'il était plus jeune. Près de lui, se tenait Chacour. En vertu d'une vieille coutume, il était affublé de l'invraisemblable nom de : Chacour Chacour. Une timide moustache commençait à ombrer ses lèvres. Il semblait un peu mal à l'aise. Le froncement désapprobateur de Rudah me fit comprendre que lui était plus profondément troublé. Musah et Atallah se tenaient tous deux assis sans broncher. Je pressentais qu'eux aussi, dans quelques années, hériteraient de la maigreur de mon père et de ses traits burinés. J'étais le seul à avoir le teint mat, les cheveux noirs, la peau olivâtre et le visage plein et arrondi de Mère. Je ne savais que penser de telles nouvelles.

Père remarqua nos mines sombres. Changeant soudain de ton, il annonça joyeusement :

— C'est la raison pour laquelle j'ai acheté l'agneau. Nous allons préparer la fête. Cette année, nous allons célébrer la Résurrection de bonne heure pour nos frères juifs qui ont failli mourir et qui sont vivants.

Atallah avait raison. Nous allions faire la fête. L'étrange morosité s'estompa soudain.

— Et de toutes les nouvelles, la meilleure, poursuivit Père, un éclair de joie enfantine dans les yeux, la meilleure, c'est que vous allez dormir sur le toit.

Dormir sur le toit ! Merveilleux ! Notre toit était plat, comme la plupart de ceux de Biram. Parfois, en été, quand la chaleur rendait intenable la soupente réservée aux enfants, nous avions le droit de dormir là-haut, sous la voûte étoilée. Par ces froides nuits de printemps, il nous faudrait nous emmitoufler, mais le ciel serait clair et constellé d'étoiles.

Père calma nos débordements avant que l'excitation n'atteigne son comble. Comme d'habitude, nous devions terminer notre repas par la prière familiale. Je grimpai sur les genoux de Mère, bien que vraiment trop âgé pour y être à ma place, et je tendis l'oreille quand Père inclina la tête.

— Notre Père des cieux, murmura-t-il doucement, aide-nous à aimer nos frères juifs. Aide-nous à leur offrir la paix et à réconforter leurs cœurs meurtris.

Tandis qu'il poursuivait, j'imaginai ces paroles monter dans le ciel nocturne comme les légères volutes de l'encens qui brûlait dans notre église. Le mot « Amen » doucement prononcé termina la prière.

Étrangement calme, Mère entra discrètement dans la maison et alluma un petit feu dans l'âtre. Plus tard, nous, les six enfants, grimpâmes à l'échelle qui menait à la soupente où nous dormions et où s'était accumulée une chaleur d'enfer. Enroulés sous nos couvertures, nous entendîmes nos parents, juste en dessous de nous, attiser le feu et deviser à voix basse.

Comment auraient-ils pu savoir exactement ce que serait cette nouvelle force qui envahissait notre pays ? Nos voisins juifs, eux-mêmes, ne comprenaient pas.

Un chemin allait s'ouvrir devant moi, un chemin de paix au cœur d'un amer conflit. Et je ne le savais pas !

Pour l'heure, je me pelotonnai contre Atallah. Ma respiration prit le rythme lent de la sienne. Et c'est ainsi que je m'endormis pour l'une des toutes dernières fois dans ma propre maison.

2

TRÉSORS DU CŒUR

Après la nouvelle de la venue des soldats, jamais plus le village de Biram ne retrouva son calme d'antan. Je le remarquai, les conversations entre adultes prirent une tournure parfois un peu gênée.

Toutefois, la routine quotidienne se rappela bien vite à nous. Les hommes retournèrent à leurs champs et à leurs troupeaux, et cédèrent la place du village aux grands-pères somnolents. Père reprit le chemin de son verger. Mère et les autres femmes s'activèrent à la cuisine et à la cuisson du pain, toujours à l'affût d'une recette susceptible de conserver ou d'augmenter les réserves familiales de farine, de blé, de sucre et de légumes, nécessaires à la subsistance des bouches supplémentaires à nourrir. Les femmes de Biram faisaient de vrais miracles pour multiplier une petite quantité de nourriture afin de nourrir tant de monde. Chose indispensable, car bien peu d'entre elles avaient moins de sept enfants. Certaines en comptaient déjà quinze ou plus.

Pour nous, gamins, l'école, l'étude étaient nos tâches essentielles. Notre instruction était en effet de la plus haute importance, car peu d'adultes à Biram savaient lire ou écrire.

Dans la semaine qui suivit la nouvelle, je fus pris d'une véritable boulimie scolaire qui surprit mes parents. En effet, dès le premier jour, j'avais aimé l'école, mais alors, je ne quittai jamais la maison le matin sans avoir passé « la revue de détail » de Mère.

Portant une jatte de terre calée au creux d'un bras, elle freinait ma hâte en sortant sur le pas de la porte et, de la paume de sa main, seule partie qui ne soit pas déjà blanche de farine, elle lissait mon épaisse tignasse brune. Levée dès l'aube, elle tenait toujours prête une délicieuse gourmandise dont elle seule connaissait le secret : tantôt des gâteaux ronds, sucrés et parfumés à l'anis, qu'elle baptisait « les cercles » ; tantôt des galettes.

En levant mon menton entre son pouce enfariné et son index, elle me souriait :

— Tu es un bon élève, Élias. Je suis très, très fière de ton travail scolaire. Sois sage à l'école aujourd'hui, n'est-ce pas ?

C'est alors qu'Atallah, ou l'un de mes autres frères qui m'avait impatiemment attendu dans la cour, passait la tête dans l'encadrement de la porte et d'un air pressé, disait :

— La cloche va sonner !

— Dépêche-toi, disait Mère, sinon tu vas déranger Abu'Eed.

En chemin, nous rejoignions des cousins ou d'autres bandes d'enfants, et nous nous hâtions avant de pénétrer en trombe, telles des hordes asiatiques, dans la cour de l'église à l'instant même où retentissait la grosse cloche de bronze. Les quatre premiers niveaux, dont ma classe faisait partie, se rassemblaient dans la maison paroissiale. Celle-ci était l'œuvre des hommes de Biram. Ils l'avaient construite de leurs mains avec les inépuisables réserves de pierres et de terre glaise. Les murs, épais, trapus et percés de fenêtres, s'ouvraient largement au moindre vent, sur les vallées. Nous étions tous très fiers de notre école, tout comme nous l'étions aussi de l'imposante église qui se dressait de l'autre côté de la petite cour. Les habitants de Biram l'avaient également élevée pierre après pierre. L'orgueil l'emportant sur la modestie, ils l'avaient baptisée Notre-Dame.

Le calme, l'ordre et l'obéissance s'imposaient vraiment en raison de l'espace restreint dont disposait chaque enfant. Rapidement alignés selon les niveaux, nous entrions en rang dans la salle de classe, sous l'œil d'Abu'Eed, notre maître, auquel rien n'échappait.

De petite taille, respirant la bonté, il portait une barbe épaisse qui semblait jaillir de ses oreilles comme la crinière d'un lion. C'était le seul prêtre du village, et de ce fait, il était sans cesse sur la brèche, car il enseignait aussi, aux diables espiègles que nous étions, les mathématiques, l'orthographe, la lecture, la géographie et la Bible. Les prêtres pouvant se marier, selon notre tradition, Abu'Eed avait la charge d'une assez grande famille. La manière douce dont il concevait son métier le rendait assez proche de Père. Cependant, si un élève dissipé s'avisait de rompre l'ordre fragile qui tenait en laisse le chaos potentiel, ses yeux de braise, qui dominaient sa barbe noire, savaient aussi s'enflammer de colère.

Je remercie Abu'Eed d'avoir fait de l'école le lieu où des idées neuves et merveilleuses venaient frapper mon imagination. L'évocation des pays lointains excitait mon sens de l'aventure. Le son des lettres franchissant mes lèvres quand j'épelais un mot nouveau : tout cela me passionnait.

Cependant, j'étais heureux de regagner la maison chaque soir — mais assurément moins qu'Abu'Eed de nous voir partir — pour retrouver mes véritables maîtres. Depuis toujours, Père et Mère avaient considéré notre éducation comme relevant aussi de leur responsabilité et non uniquement de celle de l'école ou de l'église. Ils étaient convaincus que personne mieux qu'eux ne pouvait nous inculquer le respect de choses aussi importantes que notre héritage, notre culture et notre foi.

Tous les après-midi — du moins quand je n'aidais pas aux travaux des champs — je guettais le retour de Mère. Enfin, j'apercevais le joyeux signe annonciateur de son arrivée. Car Mère tintinnabulait ! En effet, en guise de cadeau de mariage, Père lui avait offert un collier : simple chaîne de cuivre ornée de motifs en forme de poissons et de colombes. Les poissons, symboles du poisson de Pierre de la mer de Galilée toute proche, étaient savamment reliés de manière à leur permettre un mouvement oscillatoire d'avant en arrière, tout comme dans la réalité — et ça tintait ! et ça tintait ! Quant aux colombes, je savais qu'elles représentaient le Saint-Esprit tel qu'il s'était manifesté au baptême de Jésus dans les eaux du Jourdain. Mère aimait beaucoup ce collier, elle le portait toujours.

Me voyant, elle disait :

— Élias, viens ici. Aujourd'hui, j'ai trouvé quelque chose pour toi sous les pierres, dans les champs.

Ces pierres ! Ah ! Ces pierres ! Nos vies étaient tellement enracinées dans cette terre que même elles, avaient leur place dans notre existence. Seul celui qui possédait un don comme Mère aurait pu transformer en jeu, en leçon, un travail aussi éreintant que le ramassage des cailloux.

— J'ai inventé une histoire, disait-elle avec un sourire fatigué. Aimerais-tu l'entendre ?

Nul besoin de répondre. J'étais déjà calé sur ses genoux, car ses histoires, toujours riches et belles, jaillissaient de sa mystérieuse mémoire.

Ne sachant ni lire, ni écrire, Mère n'avait qu'à écouter une fois ou deux une histoire pour la retenir. Elle connaissait par cœur bien des poèmes épiques de la littérature arabe. Stance après stance, elle déroulait la légende de quelque prince ou sultan. Elle me gardait sur ses genoux en me contant une tragédie, une romance ou une comédie.

Ses histoires préférées, celles qu'elle racontait avec le plus d'éclat, étaient tirées de la Bible. Elle savait trouver les mots qui frappaient mon imagination : j'entendais siffler et claquer la fronde de David qui abattait le géant Goliath. Je voyais la mer Rouge rugissante se fendre et ses parois d'eau s'élever en d'immenses murailles liquides qui permettaient à Moïse et au peuple d'échapper aux chars égyptiens. Je contemplais la très belle reine de Saba, brune et parfumée, en train de déposer des cadeaux exotiques au pied du trône d'or et d'ivoire du roi Salomon. Mère m'avait donné le prénom d'Élias — dérivé de Élijah — en souvenir de l'ardent prophète à qui les corbeaux apportaient la nourriture. Chaque histoire tissait dans ma tête une trame familière de sons et d'images. Pourtant, un seul personnage de la Bible réussissait pleinement à gagner mon respect et mon amour.

En effet, les histoires de Jésus étaient les plus belles, les plus vivantes. Pour mon cœur d'enfant, il était le héros de chair et de sang, qui pouvait très bien avoir parcouru les chemins poussiéreux de notre propre village. Mère disait qu'après sa Tentation au désert, Il était d'abord venu en Galilée, sur nos collines et parmi notre peuple. C'était nous qui avions, les premiers, entendu de ses lèvres la Bonne Nouvelle : Dieu et l'homme étaient réconciliés. Peut-être un aïeul Chacour avait-il mangé le pain et le poisson miraculeusement multipliés par la main de Jésus. Peut-être une petite ou un petit Chacour avait-il senti la caresse de ses doigts quand il bénissait les enfants, ou bien l'avait-il vu guérir les malades et les aveugles. Ces interrogations prenaient tout leur sens pour moi, car les événements s'étaient déroulés dans des rues et des maisons exactement semblables à celles qui s'offraient quotidiennement à ma vue.

Je pouvais par exemple très bien me représenter l'épisode du Nouveau Testament où les hommes ne pouvaient introduire leur ami paralysé dans une maison bondée pour y rencontrer Jésus. Je voyais le Seigneur, assis dans une humble demeure galiléenne, tout comme la nôtre, avec deux pièces et une soupente où dormaient les enfants. Pendant la saison froide, on préparait les repas et on mangeait dans la plus grande pièce : les enfants y jouaient parmi les invités que l'on accueillait. Deux portes s'ouvraient dans les murs : l'une menait vers l'étable qui, l'hiver, abritait les vaches, les ânes, les chèvres et les poulets ; l'autre permettait d'accéder à une petite pièce, située derrière la maison, où l'on stockait le foin pour le bétail. Ses panneaux de bois, facilement amovibles, permettaient de rentrer le fourrage par l'extérieur.

Hôte de marque, Jésus devait être assis contre le mur du fond, adossé à la grange. Les hommes n'étaient donc pas frustes, mais au contraire avisés, lorsqu'ils enlevèrent les tuiles du toit et descendirent leur ami paralysé aux pieds du Maître. Bien sûr, celui-ci avait rendu hommage à leur foi et guéri les membres gourds et inutiles du malade. Dans mon imagination, le miracle avait très bien pu se produire à l'endroit même où Père prenait souvent place le soir, le dos appuyé contre la fraîche paroi de pierres.

Jésus devenait ainsi le héros de tout mon vrai monde, fait de pierres, de moineaux, de sénevés et de vignobles. Je l'imaginais aisément faire halte chez nous, ou déambuler avec ses disciples, sous l'ombre fraîche des figuiers de Père.

Mère affectionnait particulièrement les paroles de Jésus, adressées aux foules de Galilée, sur une petite colline proche de la maison — colline chérie — appelée mont des Béatitudes. Pour Mère, les Béatitudes étaient l'essence même du message de Jésus, la partie la plus rare et la plus parfumée. Assis sur ses genoux, et tripotant doucement les colombes et les poissons de son collier, j'écoutais ces mots d'une étrange et superbe grandeur :

Heureux ceux qui ont un cœur de pauvre :
le Royaume des Cieux est à eux.
Heureux les doux :
ils possèderont la terre.
Heureux ceux qui pleurent :
ils seront consolés.
Heureux ceux qui ont faim et soif de la justice :

ils seront rassasiés.
Heureux les miséricordieux :
ils obtiendront miséricorde.
Heureux les cœurs purs :
ils verront Dieu.
Heureux ceux qui travaillent à la paix :
ils seront appelés fils de Dieu.
Heureux ceux qui souffrent persécution pour la justice :
le Royaume des Cieux est à eux.
Heureux serez-vous, lorsqu'on vous insultera,
qu'on vous persécutera et qu'on dira faussement
contre vous toute sorte de mal, à cause de moi :
Réjouissez-vous et exultez,
car votre récompense est grande dans les Cieux.
C'est ainsi, en effet, qu'on a persécuté
les prophètes qui vous ont précédés.

Que voulait-il dire ? Je ne savais que penser. Comment peut-on être heureux, si l'on est pauvre ou en deuil, si l'on est insulté ou persécuté ? Comment peut-on avoir faim et soif de la justice ? Qu'est-ce qu'un artisan de paix ?

Tout cela était pour moi bien mystérieux. Ce que je comprenais de Jésus, ce qui m'attirait, c'était l'aspect fort, parfois brûlant de sa nature : sa manière de forcer le parvis des temples, de chasser les marchands et de disperser aux quatre vents les pièces des changeurs. Son habitude d'aider les infirmes et les aveugles, même s'il enfreignait les lois et offensait la bigoterie des chefs religieux. Je me disais parfois qu'il était bien le seul à pouvoir comprendre un petit garçon qui se mettait — parfois aveuglément — dans des situations difficiles, un gamin auquel sa langue jouait parfois des tours aussi, comme lorsque j'eus le malheur de commettre un crime impardonnable dans la classe d'Abu'Eed.

Un matin, alors que les élèves plus âgés se débattaient avec une équation difficile, Abu'Eed se tourna vers les plus jeunes, pour leur soumettre une simple addition. Il débita plusieurs chiffres et en demanda aussitôt la somme. La plupart des têtes étaient encore baissées sur le papier que grattaient et effaçaient nos crayons, quand mon cousin Charles leva soudain sa main. La mienne s'élança une fraction de seconde plus tard.

Abu'Eed tendit la menton en direction de Charles, qui, fièrement, annonça son résultat :
Huit !

— Non, Charles, répondit le maître, hochant la tête. Sois plus attentif.

J'agitai désespérément mon bras, brûlant de donner la bonne réponse. Lorsqu'enfin Abu'Eed m'interrogea, je lâchai :
— Neuf, la bonne réponse est neuf, avec un regard plein de suffisance à l'égard de Charles.

L'instituteur me sourit et fut sur le point de donner un autre jeu de chiffres ; mais je ne pus résister à l'envie qui me submergeait. Habituellement, Charles était plus rapide et meilleur élève que moi. Maintenant, c'était mon tour de triompher méchamment. Stupidement, je lançai en un chuchotement fort audible qui se répercuta en écho sur les vieux murs de pierre :
— T'as vu, Charles ? Tu es un âne !

Silencieuse, disciplinée, la classe ne put se retenir, elle éclata de rire. Abu'Eed se précipita sur moi, tel un orage venu de la Méditerranée, et fulmina pour obtenir le retour au calme. Le châtiment cinglant me laissa les yeux pleins de larmes et honteux. Pire encore, je craignis qu'une langue très bien pendue, connaissant un frère, un cousin ou une tante, ne rapporte l'incident à mes parents.

A la sortie de l'école, je quittai précipitamment la cour tapissée de mousse et je filai vers le verger de Père. Le calme de ce lieu en faisait ma cachette favorite, mon sanctuaire où je venais souvent déverser le trop-plein de mon petit cœur troublé. Et puis, devant qui d'autre pouvais-je m'épancher si ce n'était devant Jésus, mon modèle ? Dussé-je ne retenir qu'une leçon des histoires de Mère, j'étais convaincu qu'il s'occupait de nous et qu'il était toujours disposé à nous entendre.

Glissant dans l'herbe fraîche à l'ombre des figuiers, j'expliquai à Jésus, avec toute la sincérité dont j'étais capable :
— Je n'ai pas voulu déranger Abu'Eed. Et je n'ai pas eu de mauvaise intention à l'égard de Charles quand je l'ai traité d'âne. C'est sorti tout seul...

Écoutait-il ? Cela l'intéressait-il ?

Le verger paraissait nimbé d'une indéfinissable sérénité malgré le léger bruissement du vent dans les feuilles. Une sensation de crainte respectueuse, de majesté, de sainteté semblait l'envelopper. Quoi d'autre encore, si ce n'était l'intuition insaisissable d'une intimité amicale. Mon cœur bondit. La sensation n'aurait guère pu être plus réelle si Jésus lui-même était physiquement apparu près de moi.

Je continuai de jacasser, j'imaginai son sourire compréhensif. Le sentiment de sa présence, le fait qu'il ait le temps d'écouter mes problèmes, ne me paraissait aucunement étonnant. Je l'avais tant de fois cherché dans ce verger ou dans les collines, pour qu'il soulage toutes les petites peines qui agitaient mon cœur d'enfant, que cela me paraissait tout à fait banal. Réels ou nés de mon imagination, qu'importe ! Je chérissais ces instants. Car, sans le savoir, j'y découvrais pour la première fois le fil mince mais solide de la paix intérieure.

Heureux et reconnaissant que mon incartade en classe ne soit pas parvenue, au moins cette fois, aux oreilles de Père et Mère, j'étais profondément contrit et j'espérais apprendre à tenir ma langue.

Mère me fascinait avec ses histoires bibliques, mais Père était l'homme qui consolidait cette chaîne historique ininterrompue qui reliait Jésus et ses disciples à notre famille. A l'image d'Abraham ou de Noé dans l'Ancien Testament, il tenait à s'assurer que ses enfants soient conscients de leur rare et précieux héritage. Après tout, nous étions des chrétiens melkites. Notre patrimoine spirituel remontait au Ier siècle et ne ressemblait en rien à la mauvaise herbe fraîchement poussée après la pluie.

Nuit après nuit, Père nous rassemblait sous le ciel constellé d'étoiles ou autour d'un petit feu lorsque le vent d'hiver battait à notre porte. Pour la millième fois, ses brillantes histoires nous plongeaient au cœur des âges ensevelis. Pour ma part, tout joli mot me faisait vibrer de joie.

Nous apprîmes qu'après la Crucifixion de Jésus, la flamme du Saint-Esprit continua de resplendir sur nos villages, bien que nos ancêtres fussent contraints de se réunir clandestinement par crainte des chefs religieux. Jacques, frère de notre Seigneur, devint alors le guide spirituel des croyants à Jérusalem.

Peu de temps après sa mort et celle des autres apôtres, l'unité de l'Église vola en éclats et fut presque détruite par une sournoise et ténébreuse querelle de rites. Le groupe des gnostiques nia l'incarnation de Jésus et proclama qu'il n'était qu'une réalité mystique. Au moment même où ces faux prophètes semblaient, comme des loups, réussir à disperser le troupeau, l'empereur de Byzance, nouvellement converti au christianisme, prit fait et cause pour les premiers disciples qui affirmaient la réalité de Jésus, vrai Dieu et vrai Homme. Il avait apporté la paix en assumant notre faible et humaine nature, Il avait établi une Alliance entre Dieu et l'humanité. Avec bien d'autres, ma famille se rangea au côté de l'empereur. Les détracteurs, furieux, nous surnommèrent péjorativement « melkites ». C'est-à-dire « les hommes du roi », *melech* signifie « roi » en arabe. Ces premiers melkites sauvèrent l'unité des Églises éclatées.

Il semblait que notre famille melkite ait appartenu à une race qui ne manquait pas de courage. En effet, bien plus tard, lorsque les croisés se lancèrent dans des combats sanglants pour tenter d'implanter sur notre sol l'influence de Rome, ils résistèrent farouchement à cette autorité venue d'ailleurs, et demeurèrent un groupe marginal, fidèle aux enseignements simples de l'Église primitive ce qui mit en rage plusieurs papes. Quelques siècles plus tard, les melkites jetèrent les premières passerelles vers la réconciliation avec l'Église romaine. Les Pères de notre foi semblaient avoir marqué leur aptitude à la conciliation, d'un sceau historique.

Que Père sorte tant soit peu de son sujet et tous, nous réclamions à cor et à cri l'histoire tout entière. Cet étrange et macabre penchant, caractéristique de l'enfance, nous rendait friands de l'épisode relatif à l'horrible destin d'un Chacour dans les générations passées.

Dans les années 1700, un cruel sultan ottoman nommé Jezzar Pacha faisait régner sa loi sur notre patrie jusqu'aux rivages de la Méditerranée. Comme il avait pris la ville côtière d'Acre, il décida d'élever des fortifications contre les attaques qui viendraient de la mer. Ces ouvrages comprenaient des chemins d'évasion labyrinthiques qui serpentaient entre les blocs de pierres cyclopéennes. Un Chacour se trouvait parmi les travailleurs requis pour la construction de ce mur. Alors que le mortier n'était pas encore tout à fait sec, Jezzar Pacha les remercia de leur travail herculéen et ordonna que tous les ouvriers soient enterrés vivants sous la muraille. Ainsi, le sultan conserva à jamais les secrets de sa défense.

Ce faisant, Père avait découvert un des meilleurs moyens de nous inculquer deux vertus essentielles : en premier lieu, nous devions aimer et respecter notre sol galiléen, car notre peuple s'était longtemps battu pour y survivre. Nous étions enracinés dans cette terre comme les coquelicots ou les iris bleus et sauvages qui s'agrippent aux rochers. Nos aïeux avaient labouré ce sol et y avaient prié depuis plus longtemps que la mémoire des hommes vivants ne pouvait s'en souvenir. En second lieu, notre existence était indissolublement liée à celle de l'autre peuple issu de la Palestine : le peuple juif. Ensemble, nous avions souffert sous la férule des Romains, des Perses, des croisés et des Turcs, et appris à partager les choses simples de l'existence humaine : la foi, le respect de la vie et l'hospitalité. Père disait que la source d'une vie commune heureuse pour les peuples résidait dans ces valeurs.

Invariablement, Père racontait son histoire. Agé de sept ans, bien sûr, je ne comprenais pas grand-chose, mais j'étais fasciné.

Il nous apprenait aussi une chose plus inestimable encore que notre histoire haute en couleur : sereinement, subtilement, il forgeait notre caractère. Bien des attributs dont je parais Jésus, mon invisible modèle, provenaient sûrement, que je le veuille ou non, de cet autre héros qui dominait ma vie.

Père avait l'art, chaque fois qu'il se trouvait lésé par exemple, de tourner la situation d'une telle manière que j'en étais émerveillé, et cela me faisait intérieurement rire. Un jour, il vendit une grande quantité de figues et ne reçut en échange qu'une marchandise de mauvaise qualité. L'escroc était déjà loin lorsque Père s'aperçut qu'il avait été roulé. Il ne blasphéma pas. Le visage crispé par un sourire forcé, d'un ton très placide, il dit : « Que Dieu bénisse cet homme, et l'emmène au paradis ! »

L'esprit pacifique de Père débordait largement le cadre de la famille proche. Le père Maximos, qui nous rendait souvent visite, était parmi ceux qui subissaient son influence. S'enquérant d'abord poliment de notre famille, en dégustant la traditionnelle tasse de café, il interrogeait Père au sujet d'un futur débat épineux au sein de la hiérarchie de l'Église. Devenu *Monseigneur* Maximos, il ne cessa pas pour autant ses visites chez nous. Il devint plus tard le *patriarche* Maximos IV, célèbre réformateur au Concile du Vatican. Ce grand homme rendit hommage à la rigueur morale de Père dont l'avis ne variait pas en fonction de ses émotions ou de l'influence exercée par les autres.

La nouvelle de l'arrivée de soldats armés laissait Père imperturbable. En annonçant leur venue, les militaires avaient fait savoir aux *muktars* qu'ils ne resteraient que quelques jours et ne prendraient rien. Ils cherchaient seulement une terre pour les accueillir, et Père, en gentilhomme, accorda foi à leur parole. Si cela s'avérait nécessaire, ces Juifs d'Europe pourraient s'installer dans notre village et exploiter la terre qui s'étendait au-delà de nos propres champs.

Toutefois, la perspective d'une arrivée d'hommes porteurs d'armes automatiques éveilla l'attention de mon frère Rudah.

Quelques jours après que Père nous eût appris la nouvelle, il provoqua un petit scandale en rapportant une carabine à la maison. C'était l'une des deux ou trois seules armes à feu de tout Biram, utilisée, bien que vieille et rouillée, pour chasser les loups qui faisaient leur proie de nos troupeaux ; les prédateurs ne risquaient pas grand-chose.

A la vue de la carabine, Père se mit dans une colère d'une rare violence.

— Sors-la d'ici ! Je n'en veux pas dans ma maison ! Mère et les autres étaient immobiles et muets.

Ce pauvre Rudah fut ahuri, abasourdi.

— Je... Je pensais que nous pourrions avoir besoin d'une arme pour nous protéger au cas...

— Non ! Père ne voulut plus rien entendre. Nous ne devons jamais user de la violence. Même si quelqu'un nous blesse.

Il revint un peu au calme, et s'empara de la carabine.

— Mais, Père, insista anxieusement Rudah, pourquoi les soldats portent-ils des armes ?

Père prit son fils par les épaules et répondit :

— Les Juifs ont connu l'exil pendant des siècles. Même les chrétiens les ont chassés et tourmentés. Ils ont vécu dans la pauvreté et la tristesse, toujours dans la peur et parfois, les gens qui ont peur éprouvent le besoin de porter une arme. Leurs âmes sont faibles parce qu'ils n'ont plus la paix en eux.

— Mais comment pouvons-nous savoir que les soldats ne nous feront pas de mal ? poursuivit Rudah.

Père sourit. Toute la tension accumulée semblait s'être relâchée.

— Parce que les Juifs et les Palestiniens sont frères, frères de sang. Nous provenons du même Père, Abraham, et nous vénérons le même Dieu. Nous ne devons jamais l'oublier. Maintenant, débarrassons-nous de la carabine.

Il est extraordinaire de constater combien une voix entendue dans notre enfance ou même une parole prononcée à un moment crucial, peut s'imprimer et se réveiller avec toute sa sagesse au moment d'une crise que nos esprits adultes sont incapables de comprendre. Notre vie entière en est alors bouleversée.

J'écoutai le dialogue entre Père et Rudah, et j'observai la scène quand ils se débarrassèrent de la carabine. Une fois clos, l'incident se grava en moi et rejoignit les autres trésors du passé et la foi que Père et Mère y avaient soigneusement déposés.

Les temps n'étaient pas très éloignés où je ne posséderai pas beaucoup plus que ces trésors du cœur.

3

PÈRE TOURNA LA SERRURE DERRIÈRE NOUS

Près de quinze jours après la nouvelle de l'arrivée des soldats, Biram se prélassait encore dans la lumière brumeuse et grandissante de l'aube, lorsque soudain, un grondement inaccoutumé de camions et de jeeps emplit les collines. Paquetages sur les épaules, des hommes en tenue gris beige envahirent les ruelles. D'un coin de la cour, mes frères et moi observions la scène en chuchotant, tandis que quatre ou cinq soldats s'avançaient vers notre porte. Après une discussion avec Père qui leur souhaita la bienvenue, ils entreposèrent leur équipement dans la maison. On nous dit alors qu'ils dormiraient pendant la semaine dans la grande pièce située juste en dessous de la soupente où mes parents couchaient habituellement. Quant à Père et Mère, ils nous rejoindraient sur le toit.

Deux détails me restent particulièrement en mémoire. Père nous avait préparé à accueillir des hôtes, mais ces soldats sionistes ne ressemblaient nullement à nos voisins juifs qui discutaient parfois avec lui, autour d'une tasse de café, dans notre cour. Ils n'étaient ni grossiers, ni méchants. Quand Père tua et fit rôtir le mouton, puis bénit la fête et les hommes, ils inclinèrent poliment la tête. Mère leur servit des assiettes pleines d'agneau, de légumes et de pains qu'ils mangèrent de bon cœur. Néanmoins, ils demeuraient distants, à l'écart ; ils étaient presque brutaux. A ma grande déception, la fête se révèla bien moins joyeuse que je ne m'y attendais. Leur présence me mit mal à l'aise, et je courus me réfugier auprès de Mère.

Mon second souvenir concerne les armes. J'étais sans cesse attiré par leur reflet froid et bleuté. Même aux repas, elles étaient omniprésentes. Je ne pouvais détacher mes yeux de la petite gâchette sur laquelle le doigt devait appuyer, et presser... presser... le long canon luisant... la petite gueule cracheuse de mort... une explosion secoua mon imagination. Frissonnant, je détournai les yeux.

Malgré la politesse ambiante, la présence de ces armes creusa un fossé entre nous. Dès lors, je compris que les fusils représentaient la force, la puissance, et que ma famille, tout comme les autres villageois de Biram, n'en détenait aucune. Les jours suivants, les armes envahirent tout, et pourtant notre vie s'écoulait comme à l'accoutumée. Nous allions à l'école et les canons des fusils à l'acier bleuté luisaient dans tous les coins de rue. La nuit, nous couchions sur le toit : entre les étoiles printanières, brillantes et froides qui étaient sur nous, et les armes rangées aux rateliers audessus desquelles nous reposions.

Une semaine plus tard, un mot se répandit à Biram : le commandant avait une communication urgente à faire aux hommes du village. Père se rendit sur la place, il espérait y apprendre le prochain départ des troupes. Pas du tout ! Le commandant, petit et trapu comme un taureau, leur fit part de nouvelles alarmantes et « confidentielles ».

— Nos renseignements font état d'un grand danger qui menace Biram, annonça-t-il sèchement. Il est heureux que mes hommes puissent vous protéger. Mais vous ne seriez pas en sécurité si vous restiez dans vos foyers. Vous allez devoir vous rendre dans les collines avoisinantes pour quelques jours. Fermez tout. Confiez-nous les clés. Je vous promets que nous ne dérangerons rien.

Tout en nous mettant au courant de cet ordre, Père ne nous dissimula pas le malaise qu'il avait provoqué chez la plupart des villageois. Ils n'avaient que trop souvenance des troubles passés, lors de l'occupation britannique. De plus, on savait vaguement qu'il y avait eu de nouvelles explosions à Jérusalem et de la tension entre les Anglais et les sionistes. Dans l'hypothèse d'un conflit possible entre les forces en présence, les hommes de Biram décidèrent de mettre leurs familles à l'abri. Le commandant les pressa davantage encore, en leur disant :

— Partez légers, n'emportez rien ! Vous devez quitter le village aujourd'hui, dès que possible.

Sans doute, paraîtrait-il pénible, effrayant voire misérable à n'importe qui d'autre de devoir abandonner soudain sa maison et son confort pour nomadiser avec une grande famille. Cela ne nous sembla pas excessif. Nous avions l'habitude de passer des jours entiers à l'extérieur. Bien souvent, nous dormions à même la terre lorsque les nécessités du voyage, du travail des champs ou du soin des troupeaux l'exigeaient. Nous nous serrions les uns contre les autres, abrités par un arbre ou un rocher et cela nous suffisait. Il nous arrivait souvent de nous étendre seulement sur la terre avec pour toute nourriture des figues et des olives pendant plusieurs jours, comme lors du deuil d'un membre de la famille où personne ne fait la cuisine. Puisque nous autres, enfants, avions déjà dormi sur le toit, nous acceptâmes cette situation comme un nouveau chapitre de l'aventure.

Rapidement, Père et Mère mirent de l'ordre dans la maison, et nous prièrent de nous dépêcher, de tout laisser sauf les épais vêtements que nous portions. Je fus le seul que l'on autorisa à emporter une couverture. Une vive altercation avec mon cousin Asad m'avait laissé l'œil noir, douloureux : aussi on me permit de me couvrir le visage. Puis nous sortîmes très vite.

Père tourna la serrure derrière nous et tendit la clé à l'un de nos « invités » appuyé contre le mur d'en face, l'arme négligemment pendue à son épaule.

— Je sais que Dieu protégera notre maison, dit-il sincèrement. Et que tout ira bien pour vous aussi.

— Oui, répondit le soldat, en souriant. Ce fut tout.

En quittant la cour, je fus éberlué de voir des douzaines de personnes aller et venir dans les ruelles, rejoindre d'autres familles et s'écouler lentement hors de Biram. Rudah et Chacour trottinaient vaillamment aux côtés de Père qui nous emmena assez loin à flanc de coteau, vers une oliveraie. Je trébuchais à moitié, je tenais la main de Mère, j'essayais de protéger mon œil meurtri avec la couverture. Tenant un enfant sur chaque hanche, une femme qui marchait péniblement devant nous, dut s'arrêter pour se reposer. Je reconnus une de mes tantes, sœur de Père. Arrivé aux abords de la plantation, j'entr'aperçus fugitivement mon cousin Asad et sa famille. Nos regards se croisèrent. Gêné, il baissa soudain les yeux et se perdit ensuite parmi les centaines d'autres villageois qui évacuaient Biram.

Toutes les familles semblaient avoir la même idée : l'oliveraie serait un parfait refuge pendant notre attente. La foule se répandit sous les vieilles frondaisons tordues qui s'étendaient sur des acres et des acres en direction de la vallée. On racontait que les arbres y poussaient depuis le temps du Christ, voire depuis plus longtemps encore. Peut-être même, ses disciples et lui avaient-ils mangé des olives cueillies à ces branches. Les troncs étaient maintenant noueux et sombres, mais les fruits encore délicieux et abondants. Les feuilles, qui répandaient une ombre argentée, nous abritaient du soleil et de la pluie et de là les hommes pouvaient observer à loisir les allées et venues dans Biram, situé au sommet de la colline, très loin au-dessus de nous. La vie de nomade serait, du moins je le croyais, une grande aventure.

Un ou deux jours plus tard, mon œil désenflé et ma joie de vivre revenue, tout le monde semblait avoir épuisé les attraits du camping. Mes frères étaient moroses. Les hommes, eux, je le sentais, devenaient inquiets au sujet de leurs demeures et de leurs terres laissées à la garde d'étrangers. Les personnes plus âgées commençaient à souffrir de devoir coucher sur le sol humide et pierreux. Le soleil brillait dans la journée, mais, dès le crépuscule, la température fléchissait rapidement et nous plongions sans transition de la chaleur de l'après-midi dans le froid de la nuit. Chacun m'était reconnaissant d'avoir emporté ma couverture. Tous les six enfants tentaient de s'y serrer tandis que Père et Mère se pelotonnaient inconfortablement sur le sol.

Si le froid était tant bien que mal supportable, la pluie par contre ne l'était pas. Au quatrième jour de notre aventure, un épais banc de nuages gris se profila au-dessus de nos têtes, puis un crachin froid et pénétrant transperça les feuilles, détrempa l'herbe et transforma en boue la terre et le gravier.

Père nous mena alors, sous les arbres, jusqu'à la grotte située à la lisière de nos terres. Les parois étaient tapissées de mousse gris-vert. Une légère odeur d'humus et de chèvre flottait dans l'air. L'endroit, exigu, nous protégeait cependant tous des vents nocturnes et des pluies soudaines.

Les hommes montèrent la garde pendant près de deux semaines : ils surveillaient attentivement le moindre signe d'activité suspecte dans le village. De temps à autre, une file de camions y pénétrait dans un nuage de poussière, et en repartait peu de temps après. Le plus souvent, régnait un calme plat. Les habitants de Biram continuèrent de camper sous les oliviers, fouillant les alentours pour trouver de la nourriture, buvant l'eau tirée de puits artésiens, chaque jour un peu plus raidis par des nuits inconfortables. Et toujours aucune nouvelle des soldats.

Finalement, les anciens décidèrent un jour de ne pas attendre l'autorisation du commandant pour retourner au village. Une délégation d'hommes se réunit sous les oliviers et monta vers Biram.

Peu de temps après, nous les vîmes revenir en courant, les visages décomposés par l'angoisse et la peur. Des nouvelles horribles se répandirent dans la plantation comme une traînée de poudre.

En entrant dans le village, les hommes de la délégation avaient remarqué que la porte de la première maison était fracturée. La plupart du mobilier et des effets personnels avaient disparu, et des restes épars jonchaient le sol. Le même désordre régnait dans la maison voisine, ainsi que dans une autre, située de l'autre côté de la rue. Les chaises étaient brisées, les rideaux déchirés et les plats fracassés contre les murs.

Quelques instants plus tard, les soldats arrêtèrent le petit groupe, et celui qui semblait être le chef menaça la délégation de son arme et hurla :

— Qu'est-ce que vous faites ici ? Foutez le camp !

Furieux, les hommes du village ne bougèrent pas d'un pouce. L'impudence de ces soldats méritait d'être réprimandée par leur supérieur hiérarchique.

— Où se trouve l'officier responsable ? Nous sommes les habitants de Biram, et nous voulons ramener chez nous nos femmes et nos enfants !

L'arme en travers de sa poitrine, le responsable s'avança alors vers eux :

— Le commandant est parti, dit-il froidement. Il nous a laissé ici afin de protéger le village. Vous n'avez plus rien à faire ici.

Tous nos hommes élevèrent la voix, à l'unisson :

— Protéger notre village ? Vous êtes en train de le détruire !

— Intrus !

— Allez-vous en ! Laissez-nous en paix !

Les soldats braquèrent alors leurs fusils, levant les crans de sécurité. Furieusement, l'un d'eux grogna :

— La terre est à nous. Foutez le camp ! Déguerpissez !

Ces mots révélateurs firent l'effet d'un coup de poignard. Furieux, certains des habitants de Biram bouillaient littéralement à la pensée d'avoir été dupés par ces Européens auxquels ils avaient fait confiance. D'autres étaient purement et simplement abasourdis. La douleur se lisait sur tous les visages.

Père et Mère semblèrent aussi éberlués que des enfants à l'annonce de cette ignoble et cruelle traîtrise. Je crois d'ailleurs qu'elle dépassait leur entendement.

Les pauvres *muktars* furent assaillis de questions :

— Comment pouvons-nous rentrer à Biram ? Que vont devenir nos maisons ? Pouvez-vous faire partir les soldats ?

Ils ne pouvaient assurément rien faire. Quel poids représentaient deux vieillards désarmés et décontenancés face à ces soldats armés ?

Dans l'immédiat, se mettre à l'abri des intempéries était le problème le plus préoccupant. Manifestement, nous ne pouvions continuer à vivre exposés à la pluie et au froid de la nuit.

Après une brève discussion, nous décidâmes tous de grimper la colline jusqu'à Gish, le village voisin le plus proche. Chrétiens aussi, les habitants pouvaient sûrement nous héberger provisoirement, en attendant que soit réglé le malentendu avec ces jeunes soldats.

Alors que nous cheminions sur la crête qui sépare notre village de celui de Gish, un sombre pressentiment nous envahit. Aucun berger n'était venu nous saluer quand nous traversions les champs et le terrain, où les jeunes garçons jouaient au football, était désert. Un pesant silence régnait dans les rues où normalement les jeunes femmes et les grand-mères auraient dû jacasser au milieu des bébés endormis et des vieillards.

Une longue recherche dans le village nous fit découvrir dix personnes âgées, oubliées ou abandonnées. Elles nous apprirent que la population avait subi le même sort que nous.

Les soldats étaient arrivés en camion, mais pour une raison inconnue, ils n'avaient pas usé à leur encontre de la même duplicité qu'avec les gens de Biram. Armes braquées, ils avaient ordonné à la population de sortir sans se soucier de ces vieilles personnes trop faibles pour quitter leurs maisons. L'un des vieillards était persuadé que les soldats avaient été pressés de terminer l'expulsion, car il avait entendu claquer des coups de feu juste à la sortie du village, « simplement pour faire avancer les gens plus vite ». La plupart pensait que les villageois s'étaient réfugiés au Liban, distant seulement de quelques kilomètres.

Au bord des larmes, un vieil homme déclara :

— Nous ne savons pas quand ils reviendront.

— Et même s'ils reviendront un jour, ajouta un autre d'un ton sinistre.

Accablés de tristesse, ils nous offrirent l'hospitalité.

— Vous êtes les bienvenus dans notre village, bien qu'il ne reste pas grand-chose ici, nous dirent-ils.

Le vieillard avait raison. Les soldats s'étaient livrés au pillage dans toutes les maisons, ils avaient brisé les meubles ou les avaient emportés dans leurs camions. Mais, au moins, nous avions trouvé un abri.

Malheureusement, Gish possédait moins d'habitations que Biram ne comptait de villageois. Aussi, dans certaines demeures, deux familles s'entassaient dans une seule pièce, ne disposant que de vieux draps ou de tapis déchirés. La situation était dramatique pour les familles de dix enfants ou plus. Abu'Eed venait nous rendre visite. Il apportait réconfort et encouragement.

Père eut la chance de nous dénicher une maison qui comportait une seule pièce, avec une petite chambre pour loger ses vieux parents qui avaient terriblement souffert des nuits passées dehors, comme tous les vieillards de Biram. Délabrée, notre chambre n'était guère plus grande que la grotte située sur les terres de Père. Elle n'avait que quelques chaises brisées. Dans un coin, je découvris un jouet cassé, une poupée au crâne enfoncé. Comme je la tripotai, l'image de l'enfant qui avait dû l'égarer, dans la confusion et la panique, fit naître en moi un sentiment sinistre. Je retirai brusquement ma main et ne touchai plus jamais à la poupée.

Tandis que nous nous installions inconfortablement à Gish, des groupes de retardataires nous apportaient d'autres nouvelles, tristes. Ratissant les collines, les soldats expulsaient systématiquement les villageois paisibles, démunis de protection. Beaucoup se réfugiaient à pied, au Liban ou en Syrie. On parlait aussi de violences dans le Sud du pays. Chaque bribe d'information qui nous parvenait rendait l'atmosphère indéfinissablement étrange.

Au fur et à mesure que nous essayions de nous organiser, nous nous demandions avec angoisse quand reviendraient les soldats et le sort qu'ils nous réserveraient en nous trouvant. Malgré les assurances répétées, prodiguées par Père et Mère, une pensée obsédante et informulée pesait sur nous : qu'était-il arrivé aux hommes, femmes et enfants de Gish ?

Je devais être le premier à connaître la réponse. Une semaine, ou plus, après notre arrivée, Charles et moi traînions ensemble, tristement dans les ruelles, quand nous découvrîmes un ballon de foot, légèrement dégonflé, mais néanmoins encore utilisable. Aussitôt, Charles se mit à trottiner et à dribbler.

— Viens, Élias, s'exclama-t-il, on joue !

Dix autres gamins, surgis des rues adjacentes et des portes ouvertes, se joignirent à nous.

Nous atteignîmes, après nous être faufilés dans les rues, un terrain sablonneux à la lisière de Gish. Notre innocence de jeunes garçons nous permit d'oublier momentanément le sort de Biram. Nous arpentions le terrain de long en large à toute vitesse, nous dépensâmes le trop-plein de nos débordantes énergies, trop longtemps contenues, en entamant cette partie de foot.

L'équipe de Charles marqua deux buts coup sur coup. Les yeux rivés sur le but, un garçon remonta le terrain pour tenter une autre attaque, lorsque je le chargeai, en rugissant, en riant et en agitant les bras. Il shoota fort. Le ballon passa comme un boulet, loin audessus de ma tête, et sortit du terrain. Me retournant prestement, je le poursuivis. L'autre équipe se replia pour défendre ses buts, et mes coéquipiers prirent leur place en attendant mon retour.

Je rattrapai le ballon là où il était tombé, dans une petite bande de terrain sablonneux. Curieusement, le sol paraissait avoir été retourné. Une odeur particulière me saisit, une forme bizarre attira mon regard : quelque chose qui ressemblait à une grosse branche sortait du sable. Et puis, cette couleur étrange...

Je me penchai pour dégager cette « chose » rigide, qui apparut bientôt au grand jour : le sable glissa le long d'un doigt gonflé, d'une main bleuâtre et d'un bras. L'odeur me prit à la gorge...

— Élias, qu'est-ce qui ne va pas ?

Un de mes camarades s'époumona et l'écho m'en parvint comme assourdi.

La stupeur me submergea. Là, à mes pieds, un bras gisait dans le sable, un bras de garçon. J'imaginai le visage, j'imaginai le sable recouvrir les yeux fermés, et emplir la bouche ouverte. Je crus hurler, mais aucun son ne sortit de ma gorge. J'entendis Charles, qui s'était approché, m'appeler au travers d'une sorte de brouillard cotonneux...

Plus tard, on dégagea les sépultures peu profondes. Sous la mince couche de sable, gisaient des douzaines de cadavres. La fusillade entendue par le vieil homme avait fait son œuvre sinistre.

En hâte, les victimes furent plus dignement réinhumées, dans une atmosphère houleuse et vengeresse. Mais comment pouvions-nous nous venger de cette folie meurtrière, alors que nous étions désarmés ? La plupart des hommes, et surtout Père, ne participeraient jamais à un acte si laid.

Quant à moi, j'avais l'innocence et la résistance de la jeunesse. Personne ne me parla de l'affaire. Mère, Père et mes grands-parents, ignorèrent délibérément mes explosions d'impatience ou mes accès de larmes, ils me manifestèrent un surcroît de tendresse. Finalement, mes frères et cousins parvinrent à me distraire par de multiples jeux, et pendant longtemps nous eûmes soin d'éviter la petite étendue sablonneuse.

Dans les mois qui suivirent, tandis que l'été s'annonçait en Galilée, je ne fus guère informé des événements qui pouvaient se passer sur nos collines perdues. Mais les décisions majeures qui furent prises par des nations bien plus puissantes que la nôtre allaient bientôt nous conduire à la perte de notre patrie et de notre identité. Père et les autres anciens du village prêtèrent attentivement l'oreille aux nouvelles du drame qui se jouait dans toute la Galilée et aux Nations unies, celles-ci censées être la Cour suprême de justice du monde entier !

Les nouvelles et les rumeurs se répandirent comme une traînée de poudre dans tout le pays. Les anciens apprirent que la « question de la Palestine » était inscrite à l'ordre du jour de l'O.N.U. Il semblait que les sionistes ne voulaient plus du contrôle britannique sur la Palestine, ils désiraient établir leur patrie en lieu et place de la nôtre. Épuisés militairement et financièrement par une longue guerre en Europe, les Anglais ne pouvaient les empêcher de faire main basse sur notre terre. Connues sous le nom de *Hagannah*, les forces sionistes avaient pris les usines de munitions dans le Sud du pays, et luttaient avec des mortiers, des bombes, des mitrailleuses et de l'équipement lourd, aussi bien contre les Britanniques que contre les Palestiniens. Toutes les fois qu'un village était attaqué, quelques hommes se rassemblaient sur les collines avec leurs ânes et leurs antiques carabines, animés d'un pathétique désir de protéger leur terre ; mais les bandes mal entraînées étaient toujours anéanties par la *Hagannah*. Au fond, il n'y eut même pas de combat. Et maintenant, on en appelait à l'arbitrage des Nations unies pour trouver une solution pacifique à l'effusion de sang.

Les hommes de Biram étaient très confiants : contrôlées par les grandes puissances mondiales, les Nations unies se mettraient d'accord sur une juste solution. L'été 1947 passa, les pluies d'automne détrempèrent le sol et l'attente continuait : nous étions toujours des réfugiés. Mois après mois, entassés dans nos demeures étriquées, nous faisions des prières pour retourner chez nous, à Biram.

Évadés de villes plus importantes, des réfugiés nous apportèrent des nouvelles plus alarmantes en novembre. Les Nations unies avaient opté pour un « compromis » qui se traduirait par la partition de la Palestine. Nos anciens et des centaines de milliers d'autres Palestiniens furent immensément choqués. Les termes du « compromis » étaient brutaux.

Il était stipulé que 54 % du sol palestinien devait être dévolu aux sionistes, alors qu'ils ne possédaient que 7 % des terres ! Cinq zones parmi les plus populeuses qui leur étaient attribuées, comprenaient plus de 50 % de Palestiniens : le taux montait parfois à 70, 80 et même 90 %. Le « compromis » permettait aux sionistes de saisir presque toutes les terres fertiles, y compris les plus grandes plantations d'agrumes dont notre peuple tirait la majeure partie de ses revenus à l'exportation. Il cédait aussi l'immense région du Néguev, où les Bédouins cultivaient une bonne partie du blé et de l'orge du pays. A elle seule, cette région couvrait une superficie de terre cultivée trois fois plus grande que celle mise en valeur par les immigrants européens au cours des trente années précédentes[1].

Aux yeux du peuple palestinien, de telles concessions pouvaient à peine être appelées un « compromis ». En fait, il était demandé à notre peuple de céder plus de la moitié des terres productives, ce qui constituait notre seul moyen de subsistance.

Comment en arriva-t-on à une décision aussi rapide et unilaté-

---

1. Jonathan Dimbleby, *The Palestinians*, New York, Quartet Books, 1979, p. 86.

rale ? Le vote de l'O.N.U. fut accepté sans protestation ni contestation par toutes les nations du monde.

Les discussions des anciens n'étaient à mes oreilles de garçon de huit ans qu'une suite de mots. Il me faudrait attendre des années pour comprendre la vérité au sujet des intrigues internationales et des accords secrets qui avaient abouti à la tragédie du Moyen-Orient. Pour l'heure, toutes ces machinations politiques échappaient à la plupart, et moi, je n'étais conscient que d'une seule chose : ma paisible patrie de Palestine, connue sous le nom de Terre sainte, était devenue une terre de conflit.

Peu de temps après le vote des Nations unies, les Britanniques annoncèrent le retrait de toutes leurs forces du Moyen-Orient, dès le printemps suivant : le 15 mai 1948.

Tout au long des mois d'hiver 1947 et du printemps 1948, on nous rapporta des nouvelles de plus en plus terrifiantes : des villages avaient été soufflés par des obus d'artillerie, tandis que d'autres n'avaient échappé que de justesse à l'incendie. Des milliers de personnes, désormais déracinées, vivaient maintenant sur les collines, sur des terres indéfrichables.

En ces temps de misère, un nom était pour nous devenu synonyme de peur : l'*Irgoun*. Cette organisation regroupait tous les sionistes sectaires et bien entraînés. L'un de ses dirigeants figurait parmi les dix terroristes les plus recherchés, responsables de l'attentat à l'explosif perpétré contre le luxueux hôtel « Roi David » à Jérusalem. Il se nommait Menahem Begin. Son but avoué était de « nettoyer » le pays de ses habitants palestiniens.

L'une de ces opérations consista à détruire un village situé dans les environs de la Jérusalem moderne, au mois d'avril de cette année-là. Témoin oculaire, Jacques de Reynier, chef de la délégation de la Croix rouge internationale, décrivit plus tard la scène de Deir Yassin.

Reynier fut stoppé, le 10 avril, sur la route de Jérusalem, par une patrouille de l'*Irgoun*, qui lui interdit d'entrer dans le village. Il refusa courageusement d'obtempérer. Il enfonça le barrage et pénétra dans les maisons du village, où il découvrit des cadavres. Ici, le « nettoyage s'était fait à la mitrailleuse, écrit-il, puis à la grenade, et pour achever au couteau. N'importe qui pouvait s'en rendre compte... Sur le point de partir, j'entendis comme un soupir... C'était une petite fille de dix ans, blessée par une grenade, mais encore vivante... Le village comptait 400 habitants ; 50 environ s'étaient échappés et étaient encore vivants... »[2].

Les juifs autochtones furent choqués, dégoûtés. En larmes, ils clamèrent que de telles actions étaient des violations de leurs anciennes croyances. Le grand rabbin de Jérusalem éclata de colère à l'annonce des événements de Deir Yassin.

Malheureusement, la censure religieuse était impuissante à freiner l'engrenage de la violence.

Au fur et à mesure qu'approchait le mois de mai, un nombre toujours croissant de camions faisait irruption dans les villages. Quotidiennement, les réfugiés accouraient de toute la Galilée, ils nous informaient qu'un nombre toujours plus grand de villages était mis à sac. D'autres malheureux se noyaient dans la Méditerranée, en tentant désespérément de gagner les bateaux déjà surchargés qui quittaient Haïfa et Lidda.

Enfin, à l'aube du 14 mai, tandis que les derniers soldats britanniques se bousculaient pour quitter la Palestine, un jeune homme du nom de David Ben Gourion convoqua plus de deux cents journalistes et photographes pour proclamer la naissance de l'État d'Israël. Le gouvernement, que le nouveau Premier ministre Ben Gourion et ses collègues avaient soigneusement préparé depuis des mois, se mit en place en quelques heures. Les Nations unies entérinèrent la mainmise des sionistes sur la nouvelle nation d'Israël, dans les soixante minutes qui suivirent.

Les mêmes journalistes et photographes qui avaient « couvert » la proclamation firent bientôt connaître au monde notre été de larmes. En effet, au cours des mois de mai, juin et juillet, près d'un million de Palestiniens furent expulsés de la nouvelle démocratie. Les troupes égyptiennes, irakiennes, syriennes, jordaniennes et libanaises tentèrent d'éviter la prise de possession du pouvoir mais échouèrent. Dans la confusion et la terreur qui suivirent, nombreux furent les couples désunis à jamais, les parents séparés de leurs enfants et les vieillards qui ne survécurent pas.

Les Juifs qui avaient été nos voisins, nos amis, qui avaient vécu avec nous, qui avaient partagé nos coutumes, avaient mal pour

2. Jacques de Reynier, *A Jérusalem un drapeau flottait sur la ligne de feu*, Neuchâtel, Éditions de la Baconnière, 1950, pp. 71-76. Cité dans Walid al Khalidi (Ed.) *From Haven To Conquest*, Beyrouth, Institut d'études palestiniennes, 1971, pp. 353-356.

nous. Ils ne pouvaient comprendre ou accepter une telle violence, mais ils n'avaient aucun pouvoir pour l'empêcher. Et les nations se taisaient.

A l'automne 1948, les sionistes montèrent vers le Nord et se trouvèrent tout proches de nous. Leurs forces « ratissaient » les villes des rives de la mer de Galilée, presque à notre porte, mais leur avance s'arrêta net en haute Galilée, dès le début de l'hiver, le deuxième que nous passions à Gish. La neige tombait en fine couche. Une seule et lancinante question revenait sans cesse dans nos conversations autour de nos feux de gouttières. Les soldats nous trouveraient-ils ici réfugiés sur ces collines ou bien croyaient-ils que nous avions fui au Liban, en Syrie ou en Jordanie comme tant d'autres ?

Bien que réfugiés dans notre propre pays depuis près de deux ans, Père ne priait jamais pour nous, pour notre protection ou notre sauvegarde. Il persistait dans sa croyance toute simple selon laquelle ses enfants étaient comme « les oiseaux du ciel » que Dieu avait promis de nourrir. Il refusait de s'inquiéter pour nous, malgré, je crois, les angoisses de Mère lorsque la nourriture se faisait rare. Nous n'avions survécu qu'à grand-peine l'année qui venait de s'écouler : les animaux pris dans les troupeaux abandonnés, le pain fabriqué avec le blé prélevé dans des entrepôts et les produits tirés de la culture de nos petits jardins avaient été nos seules ressources.

J'étais de plus en plus conscient de l'attitude incroyablement miséricordieuse de Père à l'égard des soldats. Il continuait sans relâche la prière en famille chaque jour. Il ne manquait jamais de prier pour ceux qui se faisaient nos ennemis. Nuit après nuit, je m'appuyais contre Mère, en tripotant son collier de poissons et de colombes, et j'écoutais Père prier :

— Pardonne-leur, Père. Soulage leur peine. Chasse leur amertume. Fais que nous leur montrions ta paix.

En ce printemps 1949, la chaleur fondit sur nous comme un tigre, je ne voyais de paix nulle part, hors de notre propre maison. Un accalmie incertaine et pénible s'installa. Chaque matin, cependant nous nous réveillions dans la crainte de ne pouvoir, le soir venu, coucher sur nos paillasses. A chaque instant, nous risquions d'être, à notre tour, balayés.

Au matin d'un jour orageux cette accalmie fut bouleversée. Avec quelques cousins et d'autres garçons, j'étais en train de jouer dans les arbres, près de Gish, lorsque retentit le sinistre grondement des camions. Le premier véhicule militaire se profilait au loin, au détour de la colline voisine. Dans un silence terrifiant, nous nous regardâmes une fraction de seconde avant de nous égayer.

Père était sur le pas de la porte avec Mère et les autres enfants lorsque je rejoignis la maison. Les camions étaient arrivés aux lisières du village. Un haut-parleur répercutait une voix métallique et dure :

— Tous les hommes doivent sortir tout de suite. Jeunes et vieux. Sortez les mains sur la tête. N'opposez pas de résistance.

Je regardai mes frères. Rudah et Chacour étaient devenus des jeunes hommes. Musah était un adolescent. Eux aussi devraient partir. Qu'adviendrait-il d'Atallah et de moi ? Quest-ce que les soldats allaient faire aux hommes qui se rendraient ? Je ressentis des picotements de peur sur la peau de mon visage.

Père était lugubre, mais d'un calme parfait lorsqu'il se tourna vers mes trois frères aînés :

— Venez, les garçons. Tout ira bien.

Wardi s'agrippa à Mère, tandis qu'Atallah et moi, nous semblions pétrifiés à ses côtés. Tous les quatre, nous regardâmes Père se diriger bravement, avec Rudah, Chacour et Musah qui avançaient avec inquiétude à ses côtés, vers un large terrain dégagé où les soldats étaient en position, leurs armes braquées. Atallah et moi nous nous approchâmes précautionneusement pour mieux voir. Suffocant de larmes, je tremblais de tous mes membres.

Tapis dans l'ombre devant la porte, nous observions la scène pendant que toutes les maisons de Gish se vidaient de leurs hommes et de leurs fils aînés. Dans la foule silencieuse et sombre, nous aperçûmes tous nos oncles aux visages tirés et tendus. Des jeunes gens, aux regards pleins de peur teintée de défi, affluaient dans les rues. Derrière eux, se traînaient des vieillards auxquels leur brûlante fierté interdisait de demeurer chez eux pendant que leurs fils et petits-fils affrontaient seuls le danger. Au fur et à mesure qu'ils arrivaient, on les disposa en un large cercle tout autour du terrain.

Immédiatement, les soldats commencèrent leurs accusations.

— Vous êtes des rebelles. Dites-nous où vos armes sont cachées. Nous savons que vous êtes des combattants, des terroristes palestiniens.

Ces paroles me firent l'effet d'une brûlure. Père, mes oncles, mes cousins et les *muktars,* des terroristes ?

L'interrogatoire se poursuivait interminablement sous l'éclat torride du soleil. Les hommes, trempés de leur propre sueur dans cette fournaise, commençaient à se sentir mal à l'aise. Il n'y avait pas d'eau. Ils ne pouvaient pas se soulager. Et les soldats leur demandaient sans cesse de rendre leurs armes. Mais il n'y avait rien à rendre. Nulle part, il n'y avait d'armes dans le village. Pourtant, les militaires les harcelèrent toute l'après-midi. Les hommes faiblirent et certains s'écroulèrent sous la double chape du soleil et des accusations.

Nous pouvions apercevoir Père loin, au bout du terrain. La sueur gouttait de son menton. Ses yeux étaient fermés et de temps à autre, ses lèvres remuaient. Je savais qu'il était en train de prier pour les soldats.

Soudain, tout s'arrêta, tandis que le soleil déclinait à l'horizon. Le commandant hurla brusquement :

— Rentrez chez vous. Mais n'essayez pas de fuir.

A peine la porte franchie, Père faillit se trouver mal. Mon frère et lui se reposèrent dans la fraîcheur de la maison tandis que Mère et Wardi se précipitèrent pour leur apporter de l'eau et un peu de nourriture.

La nuit tomba, mais personne n'osa allumer de feu pour cuire le repas. Les soldats restèrent à Gish, rassemblés autour de leurs camions ou patrouillèrent dans les rues. Nous attendions leur départ dans un douloureux silence.

Père semblait être intérieurement averti de la suite des événements. Le regard impénétrable, il nous tira doucement près de lui, à tour de rôle. Je le soupçonnais de prier pour nous tous. Ses yeux paraissaient las, et cependant il ne manquait pas d'une grande réserve de calme et de sérénité. Lorsqu'il me sourit et me toucha l'épaule, je pus presque croire que les soldats allaient bientôt partir et nous laisser en paix.

Tout à coup, un remue-ménage bruyant emplit les rues sombres. Je frémis en entendant des voix fortes et sèches, des coups de crosses sourds frappés aux portes et un grondement de moteurs de camions.

Une fois encore, le haut-parleur vociféra :

— Sortez de vos maisons. Nous voulons que tous les hommes sortent et se rendent. Vous allez partir tout de suite...

Son doux visage rempli d'une folle panique, Mère saisit le bras de Père.

— Michel, que font-ils ? Où ?

— Katoub, dit-il en la serrant contre lui et en la faisant doucement taire, Dieu nous regarde. Tu dois être forte, pour les petits, souffla-t-il.

Ils restèrent un moment serrés l'un contre l'autre, tandis que le haut-parleur braillait toujours. Les hurlements extérieurs nouaient mon estomac. Le visage de Wardi était baigné de larmes. A ce moment, Père se retourna vers mes frères et leur dit calmement :

— Allons maintenant.

Mère s'accrocha à eux, embrassa Rudah, Chacour et Musah et essuya ses larmes du dos de sa main. Moi, j'étais pétrifié sur le pas de la porte. Atallah et Wardi risquèrent un coup d'œil timide par-dessus mon épaule. Par-delà l'éblouissement des phares, nous scrutions désespérément le chaos et la nuit.

Armes pointées, les soldats se hâtaient d'enfourner les hommes par les ridelles arrière des véhicules, tandis que des sentinelles, postées à l'arrière des camions, hurlaient des ordres. Sur le pas des portes, les femmes sanglotaient et les bébés hurlaient dans leurs bras. Père et mes frères étaient déjà entassés avec plusieurs douzaines d'autres hommes dans l'un des camions. Nous ne pouvions plus les voir.

Alors que la dernière ridelle arrière claquait brutalement, le haut-parleur adressa un avertissement aux femmes :

— Nous enlevons vos terroristes. C'est le sort réservé à tous les terroristes. Vous ne les reverrez plus.

Puis les camions démarrèrent et s'enfoncèrent dans la nuit. Les femmes se répandirent dans les rues à la faveur de l'obscurité, tombant à genoux, en larmes. Elles criaient les noms de leurs maris et de leurs fils.

Mère était trop désespérée pour tenter d'offrir le moindre réconfort à l'une quelconque de mes tantes qui vint pleurer sur son épaule. Comme un automate, elle rentra à la maison et s'assit en nous serrant contre elle, Wardi, Atallah et moi, jusqu'à une heure avancée de la nuit. Fermant mes yeux, je m'agrippai à sa jupe, je restai longtemps dans cette position — j'avais perdu toute notion du temps. Je dus m'endormir.

En ouvrant les yeux, il me sembla qu'un temps assez long s'était

passé. Seul le lointain aboiement d'un chien troublait le silence. Certes, le calme était revenu, hormis les questions muettes qui sans cesse nous harcelaient :
— Où ont-ils emmené mon père, mes fils, mon mari ? Les reverrai-je un jour ?

Changeant de position, je levai mes yeux vers Mère, mais ne pus voir son visage dans l'obscurité. Seuls ses légers murmures étaient perceptibles.

Dans ces moments les plus noirs de son existence, Mère retournait sans cesse à son unique source de force et de paix intérieure. Elle caressa ma tête et continua doucement de prier.

4

CAPITULER OU ENTRER DANS LA VIOLENCE

La vie à Gish fut un sombre cauchemar pendant les semaines qui suivirent l'enlèvement des hommes et des jeunes gens.

Les femmes déambulaient comme des spectres dans les ruelles et les jardinets. Elles avaient un regard effrayant de fixité sous le poids de l'attente et de la tristesse. Je ne suis pas loin de croire que la vie aurait plus facilement poursuivi son cours si les hommes avaient été exécutés sous nos yeux. Les femmes dont les maris ont disparus en mer ou dont les fils sont simplement portés disparus à la guerre comprennent ce sentiment. Il est horrible de rester dans l'ignorance. Sans aucun doute, l'image des charniers de Gish revenait les tourmenter pendant leurs pénibles et interminables nuits.

Une autre incertitude était également éprouvante. Quelques soldats bien armés stationnaient toujours à Biram, sans pourtant nous déranger. Quelle était la raison de leur présence ? Attendaient-ils de revenir pendant la journée ou au cours de la nuit, pour nous emmener ? Et vers quel destin ? Cela ajouté au vide des absences, l'angoisse nous tenaillait.

Certaines femmes auraient sûrement ouvert leurs mâchoires pour pousser un cri sans fin, elles auraient sombré dans une nuit noire et sans retour, s'il n'y avait pas eu les plus jeunes enfants qui demandaient des soins, sans les encouragements d'Abu'Eed que les soldats avaient laissé. Au lieu de céder au découragement, elles étaient forcées de se plier aux tâches simples : les soins aux enfants, les travaux des champs et la préparation des repas.

Au cours de ces événements, il se passa quelque chose d'inhabituel chez Mère. Une à une, les autres femmes venaient lui rendre visite. Intérieurement brisées, elles s'effondraient en larmes sur son épaule en plongeant leurs regards dans le sien. Au lieu de se morfondre avec elles, Mère leur offrait une oreille attentive, quelques paroles de réconfort qui leur permettaient de repartir un peu rassérénées. J'avais vu Mère pleurer, je voyais la souffrance permanente qui l'étreignait depuis le départ de Père, Chacour, Rudah et Musah. Pourtant, elle ne paraissait jamais seule, elle semblait habitée par une force tranquille, redistribuée à tous sous la forme d'une solide espérance.

Mère trouvait son plus grand réconfort dans la prière. Au fil des semaines et des mois, tandis que les jours s'allongeaient avec l'arrivée de l'été, elle continuait à nous rassembler autour d'elle, le soir, sous les étoiles. La fidélité aux habitudes de Père me procurait, ainsi qu'à Wardi et à Atallah, une certaine paix, que Mère elle, ne trouvait pas dans des gestes ou des paroles rituelles, mais dans un échange avec l'Ami infiniment respecté. Celui qui veillait sur nous. Comme Père, elle conversait avec cet Ami divin d'une manière toute simple, et ne doutait jamais qu'une oreille attentive et aimante écoutait sa voix.

Un soir, elle pria ainsi, le cœur plein d'une solennelle innocence :

— Seigneur, nous savons que tu es attentif aux moineaux. Et toi seul sais où se trouvent Michel et les garçons, ce soir. Veux-tu veiller sur eux ? Guider leurs pas ? Nous les remettons entre tes mains.

En esprit, je voyais Jésus. Ses yeux remplis de larmes, il regardait Mère et chassait d'elle la peine qui se cachait derrière ses paroles courageuses, pour n'y laisser que la force de l'Esprit.

— Permets-nous d'être tes Serviteurs, ici, à Gish, poursuivit-elle. Fais que nos mains soient tes mains pour réconforter ceux qui souffrent. Fais que nos lèvres apportent la paix de ton Esprit.

A cette époque, un changement était aussi en train de se produire en moi. De plus en plus, j'en venais à aimer la solitude. Souvent, je m'arrêtais au milieu d'un jeu, les yeux rivés sur les collines. Alors, je quittais le groupe, je m'en allais vadrouiller tout seul, suivi par les regards interrogatifs de mes camarades. Les derniers iris sauvages, les coquelicots, les anémones jaunes, roses et écarlates, poussaient dans la pierraille. Dans une semaine ou deux, le souffle chaud de l'été brunirait doucement le flanc des collines.

Le matin qui suivit la prière toute particulière de Mère, je me rendis seul au sommet de la colline et m'assis sous un olivier. Quelque part vers le Sud, s'étendait la mer de Galilée et j'imaginai mon modèle qui avançait à grands pas vers moi sur les flots battus par la tempête. Avec ce seul mot « Paix ! », il calmait les éléments. Je pensais à lui, je le voyais gravir le mont des Béatitudes sur lequel, — Mère me l'avait appris — il avait déclaré :

— Heureux les affligés car ils seront consolés.

Que voulaient dire au juste ces paroles ? Pour la première fois, je les tournai et les retournai dans ma tête comme un caillou lisse. Sans même réfléchir, je commençai de libérer, en toute innocence, le trop-plein de mon cœur :

— Tu consoles Mère, je le sais. Mais ne peux-tu dire un mot et nous libérer de tous ces malheurs ? Veux-tu que nous soyons tes lèvres, tes mains et tes pieds — comme te le demande Mère — afin de ramener la paix ? Si tel est le cas, tu peux user de mes mains et de mes pieds. Et même de ma langue, ajoutai-je, en songeant à mes paroles d'habitude si fières.

Je ne le savais pas encore, mais je venais de dire là une des prières les plus importantes de ma vie, la première étape d'un long voyage.

Pour l'heure, je pensais à Père et à mes frères. Je récitai une prière spéciale pour eux seuls :

— Fais qu'ils rentrent à la maison, chuchotai-je.

Puis je me demandai si Père aurait trouvé ma demande égoïste car, selon lui, j'aurais dû laisser Dieu agir en ces circonstances.

Trois mois étaient passés, et nous étions toujours sans nouvelles des hommes. Plus l'été de 1949 s'avançait, plus se posait la question de notre propre sécurité. A Biram, les soldats étaient étrangement calmes.

Un soir, après la prière, Mère autorisa Wardi, Atallah et moi à jouer dehors comme d'habitude jusqu'au moment du coucher. Dès la nuit tombée, elle nous fit rentrer très vite, car peu de personnes traînaient dehors à cette heure. Nous ayant mis au lit, elle s'activa encore doucement, à la lueur d'une ou deux bougies, pour terminer ses corvées quotidiennes. Le cliquetis métallique du gros verrou de notre porte qui était notre seule protection humaine et terrestre contre des visiteurs nocturnes indésirables, fut le dernier bruit parvenu à mes oreilles avant que je sombre dans le sommeil.

Un coup de coude pointu me réveilla. Atallah était en train de secouer mon oreiller et de s'agiter près de moi. Il lui était difficile de s'installer. Mère était sur le point de se coucher. A moitié endormi, je m'apprêtais à dégager le genou d'Atallah qui s'enfonçait dans mon dos, lorsqu'un bruit vint troubler le silence de la maison. Soudain réveillés, Atallah et moi, nous tendîmes l'oreille. Mère et Wardi furent aussitôt sur le qui-vive.

Le bruit résonna encore et attira mon regard vers la porte. Le verrou cliquetait dans la serrure. On essayait d'ouvrir. Une voix étouffée chuchota du fond de la nuit :

— Laissez-nous entrer. Vite. Ouvrez !

Les yeux grands ouverts, je me reculai contre Atallah. Un frisson de peur parcourut ma colonne vertébrale. Mère s'était levée, grelottante, une main sur la poitrine.

— Qui est-ce ? parvint-elle à prononcer bravement, la gorge néanmoins serrée.

— Laissez-nous entrer. Vite !... chuchota de nouveau la voix bientôt noyée parmi d'autres, tandis que le verrou cliquetait toujours.

— Allez-vous-en ! répondit Mère, au bord des larmes.

— C'est Michel ! laissez-nous entrer. Nous sommes de retour.

— Michel ?

Mère cria presque.

Atallah, Wardi et moi fûmes sur ses talons, tandis qu'elle se précipitait vers la porte pour débloquer le verrou. Nous reprimes nos esprits, cette voix... Plus d'erreur possible. Mère ouvrit brusquement la lourde porte.

Quatre hommes rentrèrent précipitamment. Et avec eux un courant d'air froid et sombre. Pendant un court instant, je restai aux aguets, comme si nous avions été pris au piège, comme si ces étrangers nous envahissaient à la lueur vacillante des chandelles. Très minces, presque émaciés, ils avaient les joues creuses et mangées par des barbes hirsutes. Leurs vêtements étaient sales et en lambeaux ; leurs chaussures usées leur tombaient presque des pieds. Sur les yeux de mes trois frères se lisaient la méfiance et la peur. Seul Père paraissait aussi calme que s'il avait passé un bon moment dans son verger, malgré un épuisement évident.

Mère se jeta sur eux, les serra contre elle et les embrassa. Elle riait et pleurait tout à la fois d'une joie indicible. Rudah, Musah et Chacour, qui, en d'autres temps, auraient pu garder une certaine réserve propre à de jeunes hommes, fondirent en larmes, et embrassèrent tout le monde, même Atallah et moi.

Je me jetai littéralement à la taille de Père, je l'entourai de mes bras.

— Hello, Élias, dit-il en souriant, caressant doucement mes cheveux ébouriffés. Je vois que tu as pris soin de tout le monde en mon absence.

Mère se hâta de leur servir à manger et à boire. Elle les harcelait de questions :

— Comment êtes-vous rentrés ? Vous a-t-on vus ? Où les soldats vous ont-ils emmenés ? Les autres hommes sont-ils avec vous ?

Le bras de Père autour de mon cou, nous restâmes éveillés tard dans la nuit, à écouter les réponses. Ils étaient venus à pied, bien sûr. Non, personne ne les avait vus car ils avaient marché la nuit. Fixant son visage serein, je pensais que sa présence vivante parmi nous, ainsi que celle de mes frères, tous assis à la lueur faiblissante des chandelles, tenait du miracle. Plus incroyable encore était l'histoire de leur survie.

On avait longtemps trimballé les hommes, dans la nuit de leur enlèvement. Exposés au vent, ils étaient serrés dans les camions et souffraient du froid. Ils passèrent Tibériade, sur la mer de Galilée. Aussitôt, mon père comprit que le convoi se dirigeait vers le Sud. Mais où ? Aux premières lueurs de l'aube, il reconnut le pays vallonné proche de Jérusalem. Les camions s'arrêtèrent sur la route au nord de la ville, près de Naplouse, à la frontière du nouvel État d'Israël et du royaume de Jordanie. Par chance, les soldats n'avaient songé qu'à les larguer au-delà de la frontière.

Tandis que les hommes s'extrayaient péniblement des véhicules dans la morne clarté du jour naissant, les soldats ouvrirent le feu et tirèrent au-dessus de leurs têtes. Morts de peur, les paysans de Biram s'égayèrent dans toutes les directions, tels des animaux sauvages. Certains tombèrent et furent piétinés. Père et mes frères foncèrent à travers champs, trébuchant dans des fourrés, contre des cailloux. Enfin, ils réussirent à creuser l'écart entre eux et les soldats : le crépitement des armes n'avait d'autre but que de les éloigner pour toujours de leur patrie. Mais Père et mes frères avaient une seule idée en tête : retrouver le chemin de leur foyer ou périr dans la tentative.

Petit à petit, ils se rapprochèrent d'un axe routier qui semblait obliquer vers le Nord-Est, d'abord en direction d''Ammàn, puis vers Damas, en Syrie. Ils n'avaient pas la moindre idée de l'endroit où mes oncles étaient allés, ils ne rencontraient qu'occasionnellement d'autres hommes de notre village. La plupart avaient trop peur de rentrer à Gish. Plus terrifiant encore fut le traitement que leurs frères de sang arabes leur réservèrent en Jordanie et en Syrie où Père espérait trouver l'aide et l'hospitalité traditionnelles. A la première ville qu'ils abordèrent, on les chassa comme des vagabonds. Nos « frères » semblaient n'avoir aucune compassion pour les « sales Palestiniens ». Ils furent victimes de la même attitude dans la ville suivante, encore et encore. On les éconduisit comme des lépreux. Expulsés de toutes les villes, ils marchèrent pendant quatre jours, le ventre creux ou presque. Ils eurent si désespérément faim certains jours qu'ils rampèrent dans la boue pour dénicher des insectes. La nuit, ils se réfugièrent dans des abris laissés à l'abandon et réservés au bétail, où ils dormirent à même la boue et l'herbe. Ils se réveillaient frissonnants et trempés de rosée. Heureusement, c'était l'été. Sinon, ils seraient sûrement morts.

Ils marchèrent des jours et des semaines avant d'arriver près de Damas. Là, Père découvrit une route orientée vers le Sud-Ouest qui les mènerait dans le nord d'Israël, par le Liban. Lorsqu'il repéra le mont Méron, sommet de la Galilée, Père sut qu'il était désormais chez lui. Arrivés à la lisière des champs proches de Gish, ils attendirent la nuit au cas où les soldats auraient occupé le village. Puis, furtivement, ils arpentèrent silencieusement les rues à la recherche de la bonne porte, mais incertains de nous trouver là après leurs terribles pérégrinations.

Mère faillit rougir lorsque Père la taquina au sujet de son énergique refus d'ouvrir la porte à son propre mari. Il la serra contre lui. La tourmente des trois derniers mois était passée.

Quand Père pria avec nous ce soir-là, je m'appuyai contre lui, réchauffé par la chaleur de sa voix grave et trop heureux d'entendre les paroles qu'il prononçait. Il m'avait tant manqué.

— Père, on nous traite mal parce que nous sommes les fils d'Ismaël. Mais nous sommes pourtant de vrais fils d'Abraham et tes enfants. Tu as écarté les dangers qui menaçaient Ismaël au désert, et tu nous as sauvés. Tu lui as rendu justice et tu l'as béni en lui donnant une grande nation. Nous te remercions maintenant, car nous savons que tu nous rendras justice...

Ainsi pria-t-il ce soir-là.

Quelques hommes regagnèrent leurs foyers au cours des mois qui suivirent. Telle maison du village, triste et angoissée, où vivaient péniblement une mère et ses bébés dans l'incertitude des jours à venir, voyait se lever le lendemain une aube joyeuse. Toutefois, on comptait bien plus de familles disloquées à jamais que de familles réunies. Père et Mère avaient tous deux perdu plusieurs frères. Certains de mes oncles les plus âgés avaient également purement et simplement disparu. Nous n'apprenions que de loin en loin — et encore personne ne pouvait en vérifier l'authenticité — que tel ou tel oncle vivait dans un camp de réfugiés au Liban ou en Syrie.

Je vécus le restant de l'année dans la crainte persistante que les soldats viennent un jour nous surprendre, qu'ils pénètrent en trombe avec leurs camions pour nous arracher une fois encore tous les habitants mâles. Et cette fois, peut-être achèveraient-ils plus brutalement leur travail.

Ils ne revinrent jamais à Gish. En fait, alors que s'achevait l'année 1949, le nouveau gouvernement semblait entreprendre un étrange et troublant revirement dans sa politique d'expulsion totale du peuple palestinien. Les anciens apprirent peu à peu que les exploitants agricoles cherchaient à louer les services des Palestiniens mâles — en petit nombre et officieusement — pour effectuer des travaux subalternes. Nous en apprîmes la raison plus tard. Les nouveaux venus, qui avaient l'habitude de mener une vie citadine en Europe, ne connaissaient rien à l'agriculture : aussi une main-d'œuvre peu chère était-elle nécessaire à la survie des nouveaux *kibboutzim*. Nous comprîmes pourquoi les soldats n'étaient jamais revenus embarquer les hommes qui étaient rentrés dans leurs foyers. Ils étaient qualifiés pour les emplois agricoles et ils avaient un besoin urgent de travailler — même à bas prix — pour subvenir aux besoins de leurs familles nombreuses.

D'autres événements étaient en train de se préparer dans les coulisses du nouveau gouvernement d'Israël, mais les anciens de notre village n'avaient aucun moyen d'en savoir plus. Très vite pourtant, les luttes intestines qui s'y déroulaient, deviendraient évidentes. Preuve que cette nouvelle nation — dont le monde entier proclamait le « miracle moderne » — était finalement la proie de factions qui se disputaient le pouvoir.

D'autres nouvelles, plus affligeantes encore, nous parvinrent en ce début d'année 1950, alors que les pluies froides balayaient les collines, noyaient les puits et dispersaient dans les grottes nos maigres troupeaux de moutons et de chèvres.

Le nouveau gouvernement prévoyait l'implantation d'un *kibboutz,* expérimental et agricole, pour les immigrants nouvellement arrivés d'Europe et d'Amérique. Son emplacement devait se situer au-delà des champs attenants à nos maisons toujours vides. Et, il s'appellerait aussi Biram. Les mauvaises nouvelles tombaient drues, certaines des terres fertiles qui entouraient Biram étaient vendues à de nouveaux propriétaires, récemment immigrés, habitants des villes juives voisines. Nous comprenions la raison pour laquelle les soldats étaient restés à Biram : ils « protégeaient » le village contre notre retour éventuel.

Le plus pénible pour nous fut d'apprendre que la plantation de figuiers de Père avait été achetée au gouvernement par un riche immigrant.

La peine creusa le visage de Père. Je tremblai qu'il ne se mît à sangloter. Mais non ! Il demeura calme, les yeux fermés. Sa moustache surmontait des lèvres légèrement tremblantes. Il avait planté ces figuiers lui-même, un par un. Il s'était épuisé à grimper les flancs pentus, chargé de lourds récipients en argile, pleins d'eau. Il s'était soucié de chaque arbuste jusqu'à ce que tous puissent vivre par eux-mêmes. Ces arbres étaient presque comme ses enfants.

A ce moment, j'aurais souhaité que Père laisse éclater sa colère. La peur avait sans doute retenu ma rage jusqu'alors mais, en contemplant la tristesse qui soulignait les contours de son visage, un terrible sentiment m'envahit. Wardi et mes frères étaient très mal à l'aise. Aucun d'entre nous ne pouvait supporter de voir Père, lui si cher et si doux, dans un tel état.

Quand il prit la parole quelques instants plus tard, sa voix n'était guère plus qu'un murmure.

— Mes enfants, dit-il doucement, en posant sur nous ses yeux tristes, si quelqu'un vous fait du mal, vous pouvez l'injurier. Mais cela ne servirait à rien. Vous devez au contraire demander au Seigneur de le bénir, lui qui se fait votre ennemi. Et savez-vous ce qui arrivera ? Le Seigneur vous bénira en vous donnant la paix intérieure. Et peut-être votre ennemi abandonnera son attitude méchante. S'il ne le fait pas, alors le Seigneur se chargera de lui.

Je n'en croyais pas mes oreilles ! Tout le travail de sa vie venait de lui être arraché des mains. Sa terre, ses arbres — les seuls biens terrestres qu'il avait à léguer à ses enfants — étaient vendus à un étranger. Et malgré cela, Père ne se permettait pas de maudire ou de se mettre en colère. Ses paroles me désorientèrent.

La paix intérieure ? Comment Père trouvait-il cette force dans des moments pareils. Je doutais que cela puisse être mon cas.

Je suis certain que Père influença fortement les événements qui suivirent. A la suite de ces affreuses nouvelles, les autres anciens du village se réunirent et décidèrent de soumettre une pétition à la nouvelle Cour suprême de justice de l'État d'Israël. En résumé, le texte de celle-ci souhaitait la bienvenue aux pionniers du nouveau Biram, considérait comme un don fait par notre population ce qui avait été pris par la force et sollicitait de pouvoir rentrer dans nos demeures du vieux Biram pour y vivre paisiblement auprès de nos nouveaux voisins et cultiver les terres encore libres.

La seconde réaction de Père à la vente de ses terres demeura pour moi encore plus difficilement compréhensible.

Nous apprîmes quelques semaines plus tard que le nouveau propriétaire de nos terres désirait engager tous les jours plusieurs ouvriers pour tailler les figuiers et les soigner jusqu'à la cueillette. Père courut se proposer pour ce travail. Il emmena mes trois frères avec lui. On les accepta et on leur attribua un permis de travail spécial qui leur permit l'accès à nos propres terres. A cette nouvelle, Mère le dévisagea, incrédule.

— Comment as-tu pu, Michel ? C'est si horrible, si injuste !

Père répliqua simplement :

— En allant prendre soin des arbres, c'est nous qui ferons le meilleur travail. Un étranger ne saura pas s'y prendre : les branches seront cassées et les nouvelles pousses abîmées.

Cette idée lui était insupportable.

Ainsi, trois ans après notre expulsion de Biram, Père et mes frères se louèrent comme journaliers pour le simple plaisir de prendre soin de ces arbres bien-aimés. A l'époque, j'ignorais le sens du mot ironie, mais je connaissais la signification de celui de peine.

Les anciens de Biram continuèrent d'espérer durant des mois que le nouveau gouvernement leur permettrait de retourner chez eux. Cette espérance chez les jeunes n'était pas aussi forte. Quelques-uns commencèrent même à parler d'émigrer vers les cités côtières d'Haïfa et d'Acre. Ils avaient entendu dire que des familles palestiniennes s'y rassemblaient dans l'espoir que les hommes trouveraient du travail en usine. Le nouvel Israël tentait de se mettre à toute force au diapason des pays occidentaux, ce qui impliquait un développement industriel très rapide. Là aussi, on embauchait des Palestiniens à bas salaires. Bien sûr, la rancœur était grande. Mais la vie serait meilleure là-bas, disaient les jeunes. Au moins pourraient-ils nourrir et vêtir leurs enfants. De temps à autre, certains quittaient Gish et haussaient les épaules quand les anciens soutenaient que justice leur serait rendue et que leur retour à Biram était imminent.

Tout au long de l'été, Père et mes frères escaladèrent chaque jour, l'espoir au cœur, la grande colline qui séparait Biram de Gish pour entretenir nos propres arbres au profit du nouveau propriétaire. Chaque jour, ils nous faisaient part des progrès du nouveau *kibboutz* de Biram : un bâtiment s'élevait ici ou là, des poteaux se dressaient pour les fils électriques ou ceux du téléphone. Ils nous parlaient de la surveillance permanente des villes voisines par la police et de l'arrivée des premiers colons étrangers. Avec toute la patience qui le caractérisait, Père acceptait l'humiliation de voir son permis de travail spécial examiné par les soldats plusieurs fois par semaine, avant d'être autorisé à pénétrer sur ce qui avait été sa propre terre.

C'est pendant cette accalmie que le hasard me fit vivre une scène affreuse.

Une partie de foot restait encore pour nous, les jeunes garçons, l'une des rares distractions dans le monde dangereux et imprévisible des adultes. Ce jeu d'ailleurs était devenu un rituel quasi quotidien. Bien que passant de plus en plus de temps à me promener seul dans les collines, j'aimais encore beaucoup jouer avec mes copains. Agé de onze ans, j'étais devenu très rapide malgré l'imprécision relative de mes tirs par rapport aux garçons plus âgés qui formaient la majeure partie des équipes. Atallah et Asad ne manquaient jamais de prendre ma défense lorsqu'il était question de laisser de côté le joueur sec, nerveux et passionné que j'étais.

Par une chaude après-midi, vers la fin de l'été, nous avions engagé une partie âprement disputée. Tandis que je suivais des yeux le ballon qui remontait le terrain, passant d'un équipier à l'autre, un ronflement frappa nos oreilles. Toutes les têtes se retournèrent vivement. Chacun s'immobilisa et oublia le ballon : nous avions appris à craindre le moindre bruit.

Au loin, nous distinguâmes des voitures qui faisaient irruption dans Gish. Essoufflé par le jeu, mon cœur faillit cesser de battre. Venait-on encore embarquer Père et les autres ?

Soulevant des nuages de poussière, plusieurs automobiles de couleur sombre, apparurent et s'arrêtèrent soudain au bord de notre terrain de jeu. Aussitôt, la plupart des garçons, dont Atallah et Asad, s'enfuirent vers leurs maisons. Ils pensaient sans doute que je les suivais. Dans la panique, trois ou quatre seulement restèrent immobiles, cloués au sol par la peur. A peine les véhicules s'étaient-ils arrêtés, qu'une douzaine d'hommes bondirent et foncèrent sur le terrain.

— Toi, viens ici ! hurla l'un des colosses, en se précipitant vers moi. A son uniforme, je reconnus un homme de la police militaire. Il portait, comme ses collègues, un pistolet au ceinturon. Il me prit brutalement par les épaules et ses doigts me pincèrent douloureusement. Les autres garçons aussi étaient empoignés.

— Que leur faisons-nous ? cria celui qui m'avait immobilisé.

J'essayai de me tortiller pour échapper à la terrible poigne, non que mes jambes flageolantes m'eussent porté si j'avais voulu courir, mais parce que ses doigts d'acier s'enfonçaient dans mon cou comme des crochets.

— D'abord, tu vas nous dire ce que tu as fait du câble, interrogea l'homme en me poussant contre les autres garçons.

Nous étions encerclés par une véritable muraille humaine qui nous harcelait de questions et d'accusations.

— Qui t'a dit de faire cela ? Raconte-nous un peu.

— Vous ne voulez pas que l'on s'occupe de vos familles, n'est-ce pas les gars ?

— Peut-être pourriez-vous nous dire où se cachent les terroristes dans votre village ?

— Je crois qu'ils veulent qu'on les frappe.

Je luttai pour retenir mes larmes. Muets de peur, les autres contemplaient la scène. Aucun parmi nous n'avait la moindre idée de ce dont parlaient les policiers. Toutefois, je réussis à marmonner quelques mots.

— Nous ne savons pas de quoi vous voulez parler. Quel câble ? Nous ignorons tout de ce câble. Nous jouions au foot...

— Menteurs, hurla un des hommes. Tout ce que vous savez faire, c'est mentir.

Ils continuèrent à nous terroriser et à nous harceler pendant un temps qui nous sembla ne jamais devoir finir. Un premier homme, bientôt relayé par un autre, nous cria dans les oreilles. Il revenait sans cesse à ce câble. Il nous accusait de l'avoir sectionné. Obstinément, nous leur répondîmes que nous n'avions aucune idée de ce qu'ils voulaient dire.

Pendant ce temps, nos coéquipiers étaient précipitamment rentrés à Gish. A bout de souffle, ils avaient raconté toute notre histoire. Les gens vinrent voir ce qui se passait. Dans la foule des hommes, des femmes et des enfants qui se massaient à quelque distance de nous et des geôliers, je pus apercevoir Mère, tandis que Père, blanc de peur, s'avançait vers nous. J'espérai que son arrivée nous porterait secours.

— Que faites-vous à ces garçons ? lança-t-il en rassemblant toute son audace. Qu'ont-ils fait pour que vous les traitiez comme des criminels ?

— Ils ont coupé le câble téléphonique qui dessert le nouveau *kibboutz,* répondit un homme. Il était posé par terre, il allait être monté sur les poteaux. Il en manque un morceau, il a été coupé. On a vu ces garçons en train de le sectionner. Nous voulons savoir qui leur a demandé de le faire. Manifestement, ils avaient mis la main sur les premiers enfants rencontrés, et nous devions être les « coupables ». Je suppose qu'ils s'imaginaient obtenir de nos parents la dénonciation du vrai responsable, en nous terrorisant. Tant pis pour eux, personne ne dit quoi que ce soit.

— Vous croyez pouvoir vous en sortir par des actions terroristes ?

L'un des hommes ramassa un bâton et lança à la foule un regard furieux. Les autres se baissèrent également pour chercher des morceaux de bois.

— Je crois que vos garçons auront quelques informations à nous fournir lorsqu'ils auront pris une bonne volée.

Les hommes se rapprochèrent de nous et formèrent un mur infranchissable. Je cherchai désespérément un moyen de m'échapper, je me blottis contre un autre garçon. Le premier colosse qui m'avait agrippé leva son bâton au-dessus de sa tête.

Un craquement cinglant meurtrit mon épaule. Je repris mon souffle et je tentai d'éviter les coups suivants. Mon voisin hurla lorsqu'il fut frappé dans le dos. Nous tentions d'esquiver l'avalanche avec nos bras, nous ne réussîmes qu'à rendre nos gardiens encore plus furieux. Un autre coup frappa mes jambes nues juste au-dessous de ma culotte courte. Puis un autre. Et encore deux dans le dos, qui me fouettèrent comme un tison brûlant. Par-dessus nos hurlements, je pouvais entendre les femmes supplier les hommes de cesser de nous battre.

Tout en nous frappant, ils lançaient à nos familles horrifiées :

— Vous ne valez rien et vos enfants ne valent rien. Vous faites un travail de taupe. Vos enfants sont des voleurs. C'est vous qui leur enseignez le vol !

Cette flagellation me parut sans fin. Soudain, le colosse me prit par la chemise.

— Maintenant, apporte-moi ce morceau de câble, grogna-t-il en approchant son visage du mien, puis me repoussant.

Les jambes encore flageolantes, perclus de douleurs, et m'étouffant dans mes sanglots, trébuchant je me précipitai vers Père. Affolé, je ne pus que dire :

— Père, où vais-je ?

L'homme pensait peut-être que Père avait coupé le câble. Il se tourna vers lui, le visage déformé par la rage.

— C'est vous qui éduquez votre fils ? éructa-t-il.

Tous les militaires hurlaient et injuriaient Père. Ils le traitaient de tous les noms, et surtout de cette expression dégradante que nous devions porter comme une marque d'infamie : « sales Palestiniens ». Plus encore que les ecchymoses, ce qui me faisait souffrir c'était que mon tendre Père puisse être ainsi humilié par ces hommes grossiers, devant tout le village.

Père, cependant, subit les injures en silence.

Le colosse lui montra son poing :

— Nous reviendrons demain, promit-il et vous nous donnerez le câble, sinon votre fils et vous-même viendrez avec nous.

Les policiers, hargneux, retournèrent à leurs jeeps et démarrèrent.

Ils revinrent le lendemain matin, et me poussèrent avec Père dans leur voiture. Une pensée traversa mon esprit, me donna le frisson tandis que heurtés et secoués par les chaos de la route nous nous dirigions, vers leur poste. Je ne reverrai jamais Mère. Ils me jetteront en prison et m'oublieront. Au même moment, une autre voix s'éleva du fond de mon cœur, et m'apaisa : La paix soit avec toi ; ne crains rien.

La police nous interrogea longtemps. Elle insinua que mon temps de détention serait long, si Père ne l'aidait pas à retrouver le câble. Modèle de politesse et de respect, malgré leurs questions insolentes, il resta parfaitement calme, assuré de mon innocence. Dégoûtés et lassés, les policiers, finalement, abandonnèrent et nous ramenèrent à Gish. Quand ils partirent, les intimidations cessèrent, mais je craignais que l'incident ne soit pas oublié.

Ce soir-là, Mère m'appela près d'elle, après s'être assurée que tout le monde était sorti et que nous étions seuls. Je ne pouvais plus m'asseoir sur ses genoux car mes bras et mes jambes avaient grandi. Aussi je m'appuyai contre elle, le doux contact de son foulard contre ma joue. Elle me prit gentiment la main.

— Élias, je veux te faire plaisir, dit-elle doucement. Je t'ai gardé un œuf, je vais te le faire cuire.

Dans notre misérable situation, où nous nous battions pour la moindre nourriture, un œuf était effectivement un plaisir. C'était la façon que Mère avait trouvé pour m'aider à me sentir mieux, du moins je le supposais.

Elle hésita un moment et poursuivit :

— Mais avant tout, Élias, veux-tu me dire... Où est le câble ? Apporte-le nous et l'incident sera clos.

Je me redressai et la dévisageai. Elle ne semblait plus très jeune : les soucis causés par l'entretien d'une grande famille dans des conditions si pauvres, avaient ridé son visage. Une mèche de cheveux grisonnants s'était échappée de son fichu, et son doux sourire masquait une certaine lassitude. Pauvre Mère ! Après toutes les épreuves endurées : l'enlèvement de Père et de mes frères et l'exil de bien des membres de sa famille, je ne pouvais lui en vouloir ! Elle craignait seulement de perdre le plus jeune de ses enfants. Mais j'étais en colère et blessé que de telles méthodes d'intimidation puissent l'amener à douter de son propre fils.

— Mère, je n'ai rien fait.

C'était la seule réponse que je pouvais lui faire.

Les jours suivants, je m'éloignai de ma famille et de mes copains pour me retirer dans la solitude au milieu des collines desséchées par le soleil. Pourtant, je n'étais pas complètement seul.

Les moutons qui paissaient sur les coteaux, les vieux troncs tordus des oliviers, les hauteurs bleutées du Golan qui surplombait la mer de Galilée, tout cela me rappelait mon modèle de toujours. Je hâtais le pas en gravissant les pentes brûlées comme s'il marchait à mes côtés en cet instant. Je pouvais presque voir son regard plein de compréhension, et dans ma tête, je l'entendais répéter les mots que Mère m'avait cités des centaines de fois :

— Heureux serez-vous, lorsqu'on vous insultera, qu'on vous persécutera et qu'on dira faussement contre vous toute sorte de mal... C'est ainsi, en effet, qu'on a persécuté les prophètes qui vous ont précédés.

Je hochais la tête comme si j'étais en train de discuter avec un camarade de jeu. Je ne voulais pas entendre ces paroles, car je n'étais pas prophète et ne désirais qu'une chose : savoir la raison pour laquelle le sort m'avait désigné d'une façon si cruelle.

J'avais oublié ma prière des mois passés où je lui avais demandé d'utiliser mes mains, mes pieds et ma bouche pour ramener la paix dans le cœur de nos compatriotes. Même si je m'en étais souvenu, je n'aurais pas compris alors qu'un tel engagement, sorti du fond du cœur, implique une vocation, qu'il puisse signifier qu'on boive l'amer calice du rejet et de l'humiliation, que l'on affronte le mensonge afin qu'ultérieurement la vérité triomphe.

En dépit de ma colère, je ne désirais qu'une seule chose : voir la situation redevenir normale, ne plus entendre les femmes du village se lamenter pour leurs disparus, ne plus lire la tristesse dans les yeux de Mère ou entendre injurier Père. Je voulais tellement recommencer à habiter en paix avec nos voisins juifs comme avant l'arrivée des soldats ! La seule pensée de devoir vivre le reste de nos jours dans la peur était suffocante. Tout en cheminant péniblement au milieu des cèdres et des oliviers dispersés, je me demandai ce que ferait Jésus.

Je ne le soupçonnais pas, quelqu'un veillait sur mes interrogations quotidiennes.

Une après-midi, comme je rentrai à la maison, je trouvai Père en train de travailler dans son petit jardin. Il sarclait et binait le jardin sec et brûlé. Me voyant venir, il s'arrêta et s'appuya sur le long manche en bois. Pour éviter de le déranger, j'allais passer mon chemin quand il me retint d'une question :

— Que fais-tu dans les collines, Élias ?

Je réfléchis un instant. Je me demandai s'il trouverait étrange que je lui dise :

— Je discute avec un ami.

Après un moment de réflexion, ce fut effectivement ma réponse.

Père regarda les collines, un sourire léger et mystérieux sur ses lèvres. Il hocha la tête.

— C'est bien ce que je pensais, dit-il simplement, en reprenant son travail.

Je m'éloignai, et ce moment s'évanouit dans le temps. L'importance de cette brève rencontre ne m'apparut que bien longtemps après. Père était un homme d'une grande clairvoyance, d'une profonde sagesse intérieure. Le tracé de mon avenir se dessinait déjà dans son esprit tandis qu'il bêchait la terre dure.

A la fin de la semaine, la question de mon innocence ou de ma culpabilité fut résolue. Nous apprîmes en effet qu'un transporteur, qui rentrait au nouveau *kibboutz* de Biram avec des vivres, avait apporté un morceau de câble téléphonique, d'une longueur qui correspondait exactement à la partie sectionnée. Il avait roulé dessus avec son véhicule chargé et le câble pris entre les jantes métalliques des roues et le sol pierreux s'était cassé.

Nous ne reçûmes jamais aucune excuse de la police. Je ne fus que trop heureux du point final mis à tout l'épisode. Peu de temps après, vers la fin de l'année 1950, les joyeuses nouvelles qui nous parvinrent de la Cour suprême d'Israël effacèrent temporairement l'incident de nos esprits.

Une lettre officielle, timbrée de Jérusalem, arriva à Gish. En la lisant, les mains de l'ancien tremblèrent d'excitation : elle nous informait que nous pouvions rentrer tout de suite à Biram par ordre de la Cour suprême ! En hâte et dans la joie, nous commençâmes à dresser des plans pour le retour.

Pendant que les femmes rassemblaient les quelques affaires acquises pendant nos trois années d'exil, quelques anciens franchirent la colline vers Biram, et montrèrent notre lettre aux soldats.

Le commandant secoua la tête :

— Cette lettre ne veut rien dire pour nous. Rien du tout. Ce village est à nous. Vous n'avez aucun droit ici.

Malgré la discussion entamée par les anciens, il ne voulait rien savoir et les fit refouler par ses hommes.

Pour la première fois, nos anciens réalisèrent que quelque chose ne tournait vraiment pas rond dans le nouveau gouvernement. Ils auraient dû pourtant s'apercevoir en maintes occasions que ces sionistes ne ressemblaient aucunement à nos paisibles voisins juifs. Le nouvel Israël semblait être une nation gouvernée par une loi martiale, dédaigneuse de la volonté des juges et des législateurs, et suffisamment puissante pour faire ce qu'elle voulait. Nos anciens furent littéralement atterrés en faisant cette découverte.

Je lus la peine dans les yeux de Mère. Je sentis chez Père la souffrance causée par la perte de sa terre et de ses figuiers. En chrétiens, ils acceptèrent leur sort. Cependant, je me rendis compte que la joie quittait leur vie. Les rumeurs de violence, de bain de sang et de terrorisme gagnaient tout le territoire ; elles se colportaient de colline en colline.

Étions-nous pris dans ce seul dilemme : capituler devant l'injure ou entrer dans la violence ?

En ce qui me concernait, la volée de coups que j'avais reçue m'avait forcé à regarder en face cette effrayante question. Quel choix devais-je faire ? A l'approche de mon douzième anniversaire, j'étais sur le point de faire une étape de plus sur la route qui me mènerait au choix qu'avait choisi mon ami, il y a bien longtemps, dans ces mêmes collines splendides et convoitées.

5

LE PAIN DES ORPHELINS

Au début de l'année 1951, les anciens se mirent d'accord pour faire une deuxième fois appel à la Cour suprême. Par cette lettre-pétition, ils expliquèrent le refus des soldats d'exécuter l'ordre reçu. Ainsi, nous nous remîmes à espérer pendant plusieurs mois. Nous pensions naïvement que les militaires finiraient par se plier aux décisions légales.

Je devais rêver loin de Gish, lorsqu'arriva enfin, une surprenante réponse à ma question.

Nous reçûmes notre évêque au village, au matin d'un jour humide et brumeux. Il visitait sans relâche tous les villages les plus éloignés pour organiser des distributions de vivres, de vêtements et de médicaments. Le cahier de doléances était de plus en plus chargé.

Escorté par des foules d'hommes qui lui montraient les maisons surpeuplées, les enfants vêtus de haillons, il parcourut les ruelles de Gish. Petit à petit, ce fut la perte de leurs terres qui fut au centre des revendications : douze acres, vingt, trente, quarante, les lamentations accéléraient la surenchère. Bientôt, malgré une colère que le respect de l'évêque contenait, ils ne purent s'empêcher de dire tout haut des paroles injurieuses au sujet des pertes subies. Sans cesse, ils le harcelèrent de cette seule et lancinante question : qu'est-ce que lui pouvait faire pour que les maisons et les terres soient récupérées ?

Père se promenait tranquillement sur les franges extérieures de la foule, lorsque soudain, profitant d'une accalmie dans l'avalanche des doléances, il sortit de son silence :

— Excusez-moi, Monseigneur, j'ai aussi une requête.

L'évêque connaissait bien Père, par les visites qu'il avait faites autrefois à Biram. Sans doute, s'attendait-il à une nouvelle litanie d'accusations et d'injures. Une ombre de lassitude ternit son sourire. Il hocha la tête et dit :

— Qu'y a-t-il Michel ?

— J'ai un fils cadet qui s'appelle Élias, expliqua Père. C'est un bon élève. Je voudrais qu'il aille dans une bonne école. S'il vous plaît, pouvez-vous m'aider ?

Surpris par le changement brutal de la conversation, les autres l'interrompirent avec impatience, et sans réfléchir :

— Qu'est-ce que tu racontes ? Nous essayons de récupérer nos maisons et nos terres. Et tu es en train de déranger l'évêque avec ton petit problème !

Ils rougirent de honte après avoir prononcé ces paroles un peu lestement.

Un sourire éclaira le visage de l'évêque.

— Laisse-moi y réfléchir un petit moment, Michel. Viens me voir avant que je quitte le village, dit-il rapidement avant d'être à nouveau happé par la foule.

Père honora le rendez-vous fixé par l'évêque. Celui-ci ne possédait aucune école, mais il dit à Père qu'il y avait un orphelinat près de chez lui. J'y serais le bienvenu. Il veillerait personnellement sur mon éducation.

D'emblée, Père accepta l'offre avec une profonde gratitude. Il en fit part aussitôt à Mère qui ne partagea pas son enthousiasme. Envoyer son plus jeune enfant, son fils préféré, si loin de la maison ! En fin de compte, elle acquiesça.

Père me prit alors à part. D'une voix légèrement hésitante, il m'expliqua :

— Dans quelques jours, nous te conduirons au car. Tu vas partir pour Haïfa, sur la côte, afin d'y poursuivre tes études avec l'évêque. C'est une grande chance pour toi, Élias. Tu ne bénéficieras jamais d'une telle possibilité, ici, à Gish.

Après une pause, il ajouta, en fixant mon regard :

— Tu ne pars pas pour être gâté. Apprends tout ce que tu peux. Si tu deviens vraiment un serviteur de Dieu, tu sauras réconcilier des ennemis, et mettre la paix là où se trouve la haine. Cette tâche n'est possible qu'à un homme de foi.

Comprenant à peine l'importance d'une telle décision, je n'étais emballé qu'à la perspective d'aller à Haïfa. Agé de douze ans, je n'étais jamais allé au-delà de nos collines !

L'aube du jour de mon départ me trouva déjà réveillé. Pourtant, Mère m'avait précédé. Elle avait terminé ses prières silencieuses, et elle était en train d'emballer dans un petit sac mes quelques affaires. Je me sentis un peu mal à l'aise en me levant de ma natte. Dans le calme du petit jour, mon goût de l'aventure diminua soudain fortement en entendant le léger tintement familier des colombes et des poissons du collier de Mère. Une sorte de vide s'ouvrit sous mes côtes et je pus seulement avaler l'œuf qu'elle m'avait si tendrement gardé pour mon ultime petit déjeuner.

La famille tout entière m'accompagna à l'arrêt du car, situé à un carrefour de routes non loin de Gish. Wardi et mes frères demeurèrent silencieux et tristes pendant tout le trajet.

Enfin le vieil autocar poussif apparut, laissant ses gaz d'échappement picoter mes narines. On chargea mon sac, et nous montâmes dans le véhicule. Puis Père préleva parcimonieusement le prix de nos places sur l'argent gagné en travaillant dans le verger. Le bus démarra brusquement et pétarada sur les collines qui descendaient vers la mer. Passé le premier tournant, Wardi et mes frères disparurent à mes yeux, tandis que je réprimai un haut-le-cœur : je réalisai subitement que j'ignorais le moment où je les reverrais. Mes parents étaient encore à mes côtés.

— Haïfa, soixante-quinze kilomètres ! hurla le chauffeur. Sa voix couvrit le grondement du moteur. Les quelques autres voyageurs hochèrent la tête. Cette distance me parut inouïe, inimaginable, impossible ! Assis entre Père et Mère, je tressautai comme un malheureux à chaque bosse de la route, je tirai sur la couverture déchirée de mon siège. Chaque kilomètre avalé fit naître en moi un sentiment de vide, de déracinement, comme jamais je n'en avais connu. Tandis que défilaient les montagnes, les villages et les vergers, une seule pensée habitait mon esprit : Comment pourrai-je retrouver le chemin de la maison ? Où est ma maison ?

Tous l'ignoraient, j'allais aborder les tournants les plus décisifs de ma vie.

J'étais abasourdi en descendant du car, à Haïfa. La grande gare était pleine d'autobus, de voitures et de voyageurs. Les hommes et les femmes qui faisaient la queue aux guichets portaient les plus beaux vêtements que j'avais jamais vus : ils me paraissaient magnifiques par comparaison avec les chaussures usées, le short et la chemise trop amples que je devais à la générosité de l'évêque. Je n'arrêtai pas de me tordre le cou, je scrutai du regard les immeubles et les logements entassés sur le flanc des collines basses qui descendaient doucement vers la Méditerranée.

Tant bien que mal, Père nous mena, par les rues affairées et pavées, à la bonne adresse. Chaque angle de rue nous faisait découvrir des bâtiments de plus en plus vieux et décrépits, jusqu'à ce qu'enfin, nous parvînmes à l'orphelinat, gris, trapu et engoncé entre deux autres bâtisses.

Nous fûmes accueillis, sur le pas de la porte, par une jeune femme avenante et simple, à l'accent européen légèrement chantant. L'évêque nous reçut, bavarda avec Père. Je savais que cela était un grand honneur. Toujours pratique, Mère inspecta les lieux, tout en saluant poliment de la tête les autres dames, françaises et belges, qui vivaient ici avec les orphelins, au service de l'Église.

Avant même que je puisse m'en apercevoir, Père et Mère étaient déjà sur le pas de la porte. Mère m'embrassa rapidement et détourna le visage. Les yeux un peu fixes, Père me fit un petit signe de la main. Puis ils partirent.

La jeune femme passa doucement son bras autour de mes épaules affaissées, tandis qu'abattu je contemplai la rue vide.

— Viens, Élias, je veux te présenter aux autres orphelins, dit-elle sans réfléchir, mais néanmoins tendrement.

Aux petits soins pour moi, comme tant de mères, ces dames européennes me prirent aussitôt sous leur aile collective. Malgré leur gentillesse et leurs attentions, la nostalgie de la maison me tordait l'estomac. En fait, j'étais un fils de la campagne, transplanté dans une cité bruyante, enserrée dans le béton. Ma vie à Haïfa me fit regretter la maison — notre vraie maison, celle de Biram — beaucoup plus profondément encore que durant notre exil à Gish. Mes promenades solitaires dans les collines, la fraîcheur désaltérante de l'eau claire des sources de Galilée : tout cela me manquait plus que je ne saurais l'écrire. Au milieu des autobus et des bâtiments sinistres de la ville, je devais forcer mon esprit à ne pas aller vagabonder vers ces lointains paysages : pendant les classes, aussi longues qu'épuisantes, ils m'appelaient à eux ; leur fraîcheur sauvage me faisait soudain défaut. Le rigoureux emploi du temps imposé par l'évêque me faisait une impression étrange. Il était très insatisfaisant de faire l'étude de la Bible comme d'un livre ordinaire. Pour moi, le sentiment de la présence de Jésus, réelle ou imaginaire, avait toujours été aveuglant. Or, à Haïfa, il me semblait qu'il faisait partie d'une enfance à jamais disparue. Je me raccrochais à la promesse du Nouveau Testament, tant de fois cité par Mère : « Je ne vous quitterai ou ne vous abandonnerai jamais. » En dépit de ces paroles, je me sentais abandonné. Je regrettais les jours où sa présence marquait ma solitude, une solitude qui me manquait tant. Après plusieurs mois, j'étais encore dans cet état quand j'eus la surprise d'un « cadeau » inattendu.

Il était l'heure de se coucher. Enfoncé dans un fauteuil très rembourré, situé dans un coin de la pièce commune destinée tout à la fois au jeu et au travail, je tenais sur mes genoux un de ces grands livres d'images abondamment coloriés que les « mères » avaient apporté d'Europe. Tandis que je feuilletais les pages et m'évadais dans un univers d'aventures fantastiques, les autres enfants jouaient. Soudain, une des « mères » d'origine française et très à cheval sur le règlement, entra et annonça la fin du temps libre.

— Viens, Élias, dit-elle d'un ton tranchant en m'arrachant le livre. Au lit !

Une autre de ces « mères », dont la douceur et le délicat parfum de lavande nous étaient très agréables, entra, elle aussi et remarqua ma mine abattue. Peut-être aperçut-elle autre chose qu'une mauvaise volonté d'enfant pour aller dormir ? Tandis que le dernier de mes camarades quittait la salle, elle prit ma défense :

— Ne pensez-vous pas que l'on pourrait le laisser veiller un peu plus tard que les autres ? Après tout, c'est un bon élève. Voyez comme il aime les livres. Je suis sûre qu'il sera sage et ne dérangera personne.

Ce disant, elle me lança un coup d'œil de complicité. Je réussis donc à obtenir l'autorisation de veiller plus tard que les autres, dans cette grande pièce pour moi tout seul. Bien sûr, cela ne valait pas la tranquillité des paysages de Galilée, mais je m'en contentais.

Ce passe-droit exceptionnel m'étant accordé, je ne perdis pas mon temps avec des livres d'histoires. Je trouvai un cahier vierge et je commençai à le remplir avec des lettres adressées à Jésus. Dans cette maison surpeuplée, j'étais trop gêné pour m'adresser à lui à haute voix, comme je le faisais sur nos collines désertiques. Aussi, nuit après nuit, au fil des pages blanches, je laissais parler mon cœur avec toute ma naïveté d'enfant et ma maturité naissante.

— Mère dit que tu ne fais rien sans raison, écrivai-je. Mais j'ignore ce que tu attends. Veux-tu que Père et Mère souffrent comme tu as souffert ? Père ne se battra pas comme les autres ont l'intention de le faire, pour récupérer ses terres. Veux-tu que ce soit cette paix que nous manifestions au monde ? Quelqu'un entendra-t-il notre cri et nous aidera-t-il ?

Vers la fin de l'année 1951, je passai bien des nuits à griffonner mon désir le plus cher : que la Cour ordonne aux militaires de permettre à ma famille et aux autres villageois de rentrer à Biram. Ce vieux village, aux murs tapissés de mousse et aux arbres qui répandaient la fraîcheur me paraissait être le berceau de tout ce qui est bon, simple et innocent. Il nous avait protégés. L'église, qui en était le cœur vivant, avait nourri nos âmes. Si seulement, nous pouvions la récupérer, c'était tout ce que je désirais.

Ainsi, par mes écrits nocturnes, j'établissai pour ma vie entière une pratique de communion personnelle, privée, qui se révéla être aussi vitale que le sang de mes veines ou l'air de mes poumons. L'ironie du sort voulut qu'au moment même où je recommençais à tenir fermement le fil de ma paix intérieure, mon cœur allait être à nouveau ensemencé par les graines de l'amertume et de la souffrance.

Noël passa. A l'orphelinat, la discipline était joyeuse et certaines coutumes européennes apportées par les « mères » me réconfortaient lorsque la nostalgie de la maison se faisait trop cruelle. Le sentiment profond du sacré, la solennité et le merveilleux se manifestèrent plus profondément encore lorsque l'évêque célébra la Nativité dans l'immense église aux allures de cathédrale. Les carillons, les chants joyeux, les arcs de pierre : tout cela me réchauffa le cœur, tout cela me rappelant mon pays. Au fond, j'avais, d'une certaine manière, assimilé le fait de me trouver dans une église à celui de rentrer dans mon village. J'en étais heureux.

Il faisait froid en ce dimanche matin du début de janvier 1952. Entassé avec les autres enfants dans la vieille église glaciale, et chantant un cantique, je me penchai soudain vers mon voisin pour lui chuchoter quelques mots. Puis je tournai vivement la tête, et j'aperçus, au fond, mon frère aîné Rudah, revêtu d'un manteau usé, trop ample pour lui. Impossible ! Je devais rêver ! Pour quelle raison serait-il venu de si loin ? Il devait apporter de bonnes nouvelles au sujet de Biram.

Il m'aperçut et hocha imperceptiblement la tête. L'étonnement dut se lire sur mon visage, car l'une des « mères » me donna un coup de coude en me foudroyant du regard. Je ne parvins plus à me concentrer tout le reste de la cérémonie, je ne cessai de glisser un œil discret par-dessus mon épaule pour m'assurer que Rudah n'avait pas disparu.

Dès la fin, parfaitement sourd aux appels de la « mère », je m'éclipsai rapidement et me ruai vers lui, par le bas-côté.

— Rudah ! criai-je en me jetant dans ses bras. J'avais grandi et nous étions tous deux de la même taille.

— Tu m'as manqué ! Pourquoi es-tu venu ? Comment vont Père et Mère ? Peux-tu rester pour déjeuner ?

— Sortons, Élias, répondit-il calmement. J'ai quelque chose à te dire.

Nous nous arrêtâmes sur les marches de l'église. Afin de me protéger du froid, je relevai et serrai mon manteau de tissu mince contre mon menton. Le regard douloureux et angoissé de Rudah se posa sur moi.

— Père et Mère m'ont envoyé pour te donner les nouvelles de vive voix. Ils n'ont pas voulu que tu l'apprennes autrement et que tu t'inquiètes pour nous. Élias, dit-il en retenant ses larmes, c'était affreux. Les soldats. Les bombes...

— Que dis-tu ? le pressai-je anxieusement. Soudain, je me mis à trembler de froid et d'énervement. Puis, j'écoutai son histoire, comme pétrifié.

Quelque temps auparavant, au début de décembre, la Cour avait de nouveau donné son autorisation aux habitants de Biram de rentrer chez eux. Pour la seconde fois donc, les anciens franchirent la colline et présentèrent le document aux soldats sionistes. Et cette fois, ils furent agréablement surpris.

Le commandant lut l'ordre, sans commentaire, et haussa les épaules :

— C'est bon.

Puis, tandis que les anciens gardaient un silence stupéfait, il ajouta :

— Nous avons besoin d'un peu de temps pour évacuer. Vous pourrez revenir le 25.

Le jour de Noël ! Quel incroyable et merveilleux cadeau pour le village ! Les anciens volèrent littéralement au-dessus de la colline pour rentrer à Gish et annoncer la nouvelle. Enfin, ils allaient pouvoir rentrer chez eux. La veillée de Noël devint une célébration d'action de grâces et de louanges joyeuses.

Au matin de la Nativité, l'air était froid et coupant. De gros nuages gris tourmentés plombaient le ciel de la haute Galilée. Emmitouflés dans des chandails et de vieux manteaux fournis par les services sociaux de l'évêque, les villageois se rassemblèrent aux premières lueurs du jour pour entreprendre leur marche vers Biram. Ils allaient, fatigués et en haillons, mais leurs âmes étaient hautes. Mère, Père, Wardi et mes frères se réunirent pour chanter un cantique de Noël en gravissant la colline. Ces vieilles pentes retrouvaient un débordement de joie inconnu depuis six ans.

Parvenus au sommet, les marcheurs cessèrent peu à peu de chanter, le silence s'installa et une sorte de flottement incertain s'empara des villageois. Loin en contrebas, Biram était encerclé par des chars sionistes, des bulldozers et d'autres véhicules militaires. Nous étions pourtant bien au matin du 25 décembre, jour où ils étaient censés rentrer chez eux. Pourquoi les soldats étaient-ils encore là ? Quelqu'un cria, au loin. Ils se rendirent compte alors qu'ils avaient été vus.

Un coup de canon troua le silence. Puis un autre, et un troisième. Les troupes avaient ouvert le feu ! Non sur les villageois mais sur Biram. Les obus sifflèrent, incendièrent et détruisirent les maisons qui s'écroulèrent comme des châteaux de cartes. Les pierres volèrent en éclats et la poussière se mêla aux flammes rougeoyantes et aux lourds nuages de fumée noire. Un des projectiles percuta le mur de l'église, pénétra dans l'épais mur de pierres et souffla la moitié du toit. Le clocher chancela, la cloche de bronze tinta tristement comme un glas. Elle continua cependant de résonner au milieu des épaisses volutes de poussière et du feu des canons. Les explosions secouèrent Biram pendant près de cinq minutes. Les maisons s'effondrèrent les unes sur les autres et le feu gagna les charpentes écroulées.

Puis le silence retomba, seulement troublé par les pleurs des femmes et les cris terrifiés des bébés et des enfants.

Père et Mère, serrés contre Wardi et mes frères, tremblaient de tous leurs membres. Muets d'horreur, ils regardèrent les bulldozers labourer les ruines et jeter à terre la plupart des pans de murs qui n'avaient pas été soufflés par les explosions. Enfin, Père articula quelques mots :

— Pardonnez-leur !

S'adressa-t-il à Dieu ou à mes frères ? Ils ne le surent jamais. Puis il les ramena à Gish.

Je ne parvenais pas à réaliser les paroles de Rudah. Inrit, un autre village, avait, lui aussi, été rasé à peu près au même moment, me dit-il. J'étais glacé.

Glacé quand nous nous séparâmes en nous étreignant à la porte de l'orphelinat. Glacé en avalant silencieusement ma soupe. Ce soir-là, les « mères » qui avaient aussi appris les nouvelles de Rudah, ne me forcèrent pas à faire mes devoirs.

Seul, cette nuit-là, j'eus peur de mes propres pensées, je ne savais que faire de ma colère. Ma rage plus encore que ma colère. Le bombardement était pire que la raclée dont j'avais souffert. Je fus même incapable de tenir mon journal, tellement j'avais honte d'y coucher mes sombres pensées. Tant bien que mal, je tentai de me sermonner. Je souhaitais seulement ressembler à Père, mon vrai modèle dans le domaine spirituel. Mais j'étais moi-même un jeune homme dont le cœur percevait avec une acuité grandissante un monde qui semblait s'acharner à détruire.

Pourtant, je m'efforçai d'enterrer ces sentiments, je refusai une colère trop laide à admettre. Alors une petite faille commença à s'élargir en moi, qui devint un vrai combat intérieur. La paix s'imposerait un jour.

Je repris mon journal la semaine suivante, et j'y posai des questions auxquelles je n'avais pas la moindre réponse.

— Comment pouvons-nous retrouver la paix que nous partagions avec nos voisins juifs ? écrivai-je. Comment puis-je aider mes parents, mon peuple palestinien ?

Malgré mon désir de quitter Haïfa pour partager la vie d'exil de ma famille, j'allais y rester encore deux années : elles furent un temps de préparation à la future étape de mon itinéraire, étape qui devait encore m'éloigner de la maison plus que je ne l'avais imaginé. Père voulait que j'étudie. Aussi allais-je obéir, et profiter de l'abri et des études dispensées dans l'institution charitable de l'évêque.

Comme mes compatriotes de Biram, j'allais continuer de manger le pain des sans-abri et des orphelins.

6

LE CHEMIN SE RÉTRÉCIT

La destruction de nos maisons causa un choc violent qui traumatisa les habitants de Biram.

Les maigres nouvelles reçues de mes parents m'apprirent que, chaque mois, quelques familles de plus quittaient Gish pour les centres urbains. Peut-être, après tout, seraient-elles mieux cachées au milieu des masses miséreuses d'une grande ville que perchées au sommet des collines de Galilée. A juste titre, elles étaient lasses de soutenir les anciens qui réclamaient sans cesse la récupération de notre terre. Le bombardement récent les avait désespérées.

D'une manière presque incroyable, Père et mes frères continuèrent de prendre soin des figuiers épargnés par les obus dans notre verger confisqué. Je me représentai Père déambuler stoïquement près des ruines de notre maison. Rudah avait dit qu'elle n'était plus qu'un amas de pierres et de poutres calcinées. Je savais que Père aurait à cœur de se concentrer uniquement et entièrement aux soins des figuiers, du moins pendant encore un certain temps. Je savais qu'il poursuivrait péniblement sa route en espérant que ses fils le suivraient et porteraient avec lui la croix de la persécution. Il ne savait faire autre chose. Pourtant, au moment où j'admirai son courage, il me sembla deviner en lui l'ombre grandissante du désespoir. Pour la première fois, je crois, je réalisai qu'il n'était qu'un homme, avec ses faiblesses et sa compréhension limitée de l'étourdissant conflit dans lequel nous étions entraînés.

Pour ma part, je commençais ma seconde année à Haïfa dans une grande apathie. Depuis plus d'un an, j'avais quitté la maison. Ce sentiment aigu de déracinement me vidait le cœur. De plus, comme je n'étais pas orphelin, les autres garçons ne m'avaient jamais vraiment accepté. Cette période de ma préadolescence ne me ménagea pas : des coups durs étaient portés à ma dignité personnelle. Un sentiment d'abandon, de deuil profond menaçait de disloquer mon âme.

Une fois de plus cependant, il sembla que je ne devais pas être abandonné, car dans ces moments de plus grande solitude, la grâce me fut donnée de rencontrer une amitié exceptionnelle.

Dans le courant de l'année suivante, le collège de l'évêque accueillit deux nouveaux : Faraj et Khalil Nakhleh, ils venaient d'une famille très aisée de Ramah, autre village de Galilée dont l'école n'existait plus.

Dès le premier instant de ma rencontre avec Faraj, l'aîné des deux, je pressentis en lui une valeur toute particulière. Une certaine délicatesse, une joie, quelque chose de rare, d'impalpable et cependant de familier émanaient de lui. Lui aussi avait treize ans, une légère moustache ombrait déjà nos lèvres. A peu près aussi grand que moi, il était plus mince, tandis que mes épaules étaient plus carrées, ma poitrine plus large et mes os plus lourds. Son rire facile avait le don de m'égayer. Une lueur de malice brillait toujours dans ses yeux même pendant les périodes de travail intense. Se forgea entre nous un lien tel qu'il aurait pu, plus que Khalil, passer pour mon frère.

Sa sensibilité inhabituelle me frappait. Un jour que nous allâmes nous baigner en groupe dans la Méditerranée toute proche, je me tins à l'écart des jeux. Les autres garçons connaissaient mes penchants à la solitude. Faraj surgit près de moi, et ne me quitta pas durant ma ballade sur le sable chaud. Il écouta calmement, il hochait la tête et scrutait mon visage pendant que je ressassais de confuses pensées au sujet de la situation de nos familles et de notre propre avenir sous le nouveau gouvernement.

— Que crois-tu qu'il nous arrivera ? dis-je en insistant tout fort.

— Je ne sais pas, Élias. Une chose est certaine : nous ne pouvons aller à l'université. Ils n'acceptent pas... des gens *comme nous*, dit-il, en trébuchant sur ces derniers mots.

Je savais qu'il voulait parler des Palestiniens.

— Alors, que penses-tu faire lorsque nous sortirons d'ici ? Travailler en usine ?

Soudain, il s'arrêta. Une vague d'écume blanche et chaude remonta la plage et vint lécher nos pieds nus.

— Je ne suis pas sûr, dit-il après un temps de réflexion. Je crois que quelqu'un prendra soin de nous. Cela, je le sais.

De qui voulait-il parler ? De l'évêque ? Je ne compris pas exactement le sens de sa réponse évasive, je ne cherchai pas à poursuivre la conversation.

A ce moment, j'eus besoin de solitude pour réfléchir. En quelques courtes semaines, Faraj avait mystérieusement découvert la faculté de deviner mes humeurs. Autant il était turbulent et aimait s'amuser, autant il savait aussi être sensible et fin. Il me laissa dans mes pensées et s'en retourna vers la plage où jouaient les autres dans les vagues mourantes. Je découvris un coin tranquille, je m'assis et m'abîmai dans la contemplation d'un ressac sans fin. J'imaginai que les grandes levées de houle étaient les collines qui entouraient Biram. Biram ! Biram qui était en ruine.

La maison et l'église, ces deux « berceaux » qui m'avaient fait connaître l'Homme de la Paix, n'étaient qu'un monceau de gravats.

Perdu dans le silence de l'âme, les yeux rivés sur cette éternité de mer bleue, une image fulgurante s'imposa à mon esprit. Une image de Biram ressuscité sous les vieux oliviers. Une image des maisons reconstruites qui abritaient les femmes saines et sauves. Une image des Palestiniens et des Juifs qui sirotaient de nouveau une tasse de café en bavardant tranquillement. L'église rebâtie. Chaque homme, chaque femme et chaque enfant était comme une pierre, une pierre vivante, dans le village relevé de ses cendres.

Pendant une fraction de seconde, cette vision me parut tellement réelle, tellement possible que mon cœur bondit. Puis l'image s'évanouit.

Les cris qui s'élevaient de l'extrémité de la plage m'arrachèrent à mes pensées. Trois ou quatre garçons avaient plongé dans les vagues. Ils battaient l'eau de leurs bras, comme des fléaux et faisaient la course sous les encouragements de leurs camarades restés sur le rivage. Je pouvais maintenant apercevoir Faraj sur le point de gagner. Et je souris en constatant que toutes les filles l'acclamaient. Notre intérêt pour elles naissait à peine, mais le charme de

Faraj le menait déjà vers des romances successives et brèves. Un élan d'admiration fraternelle me porta soudain vers lui.

Je me levai et traînai les pieds dans le sable pour rejoindre le groupe. Faraj était remonté sur la plage, entouré par les autres qui lui donnaient des bourrades dans le dos. Sa poitrine se soulevait rapidement alors qu'il reprenait son souffle, et sur ses lèvres entrouvertes flottait le sourire fin que les filles appréciaient tant. Faraj, le vainqueur !

Quels que soient ses choix, à l'école ou au travail, Faraj réussirait. Il était ainsi fait. Sa famille avait un peu d'argent. Peut-être l'enverrait-elle aux États-Unis lorsqu'il serait plus âgé. Et moi ? Que deviendrai-je ?

Pendant toute cette année et jusqu'au début de 1953, nous grandîmes ensemble, proches l'un de l'autre. Nous avions des conciliabules secrets tard dans la nuit au lieu de dormir, et nous étions dans les mêmes classes. J'avais des notes tout à fait honorables et l'évêque était content. Parfois, il lui arrivait de me parler d'un petit séminaire qu'il avait l'intention d'ouvrir à Nazareth. C'était une école pour des jeunes gens qui songeaient à se consacrer sérieusement au service de l'Église. Elle devait être prête, dès l'année suivante, en 1954, à recevoir des étudiants. L'évêque pensait, qu'âgé maintenant de 15 ans, j'étais en mesure de songer à mon avenir.

Vers la fin de l'année 1953, au cours d'une de mes très rares visites à ma famille à Gish, je fis part de la proposition de l'évêque à Père et à Mère. Encore sous le coup du deuil récent de mes deux grands-parents, ils étaient déprimés lorsque je descendis de l'autocar. La cinquantaine passée, Père avait finalement cessé de s'occuper des figuiers. L'épuisement dû au chagrin était trop grand. Son sourire habituel et facile trahissait cette fatigue. Pourtant l'évocation du séminaire les dérida tous deux, un peu.

— Et toi, que veux-tu faire ? demanda Père.

J'allai répondre, mais je préférai m'abstenir, prenant subitement conscience que la décision appartenait à moi seul. Trois ans auparavant, Père avait voulu m'envoyer à Haïfa. Maintenant, je me rendais compte tout à coup que je devenais un homme : libre, mûr, et digne de confiance aux yeux de mon Père. Je ne pouvais lui répondre tout de suite, mais le tracé de ma route devenait plus clair.

Peu après mon retour à Haïfa, je fus convoqué dans le bureau de l'évêque. Je connaissais d'avance sa question. Cependant, je ne fus pas peu surpris.

Je m'arrêtai à sa porte, quand il me fit un signe de la main :

— Hello, Élias, dit-il, assis derrière sa table. Assieds-toi près de ton ami.

En entrant, je fus ahuri de découvrir Faraj assis sur l'un des sièges de bois, face à l'évêque. Tandis que ce dernier commençait de parler, nous ne pûmes nous empêcher d'échanger des regards surpris.

— Tous deux, vous avez eu le temps de réfléchir depuis notre dernière conversation, dit-il, en portant alternativement ses yeux pleins de bonté sur l'un et l'autre. Maintenant, je veux connaître votre décision. Voulez-vous aller poursuivre vos études à Nazareth, et vous engager plus loin au service de l'Église ? Élias, ajouta-t-il en me fixant, quelle est ta décision ?

J'ouvris la bouche et je m'entendis prononcer :

— Oui, je veux aller à Nazareth.

Sans attendre d'être interrogé, Faraj parla à son tour :

— Oui, je veux y aller aussi.

Je ne pus en croire mes oreilles ! Lui, si charmeur, si amical, si entreprenant ! Je n'avais jamais imaginé qu'il puisse s'orienter vers une vie contemplative au sein de l'Église. Je l'aurais davantage cru de son frère Khalil, qui était parfois calme et méditatif. Pourtant, je sus dès cet instant que Faraj avait fait le bon choix. Il était si bon, si charitable, si profondément sensible et délicat. D'une certaine manière, je m'étais trompé en pensant que sa bonne humeur, son rayonnement l'empêchaient de s'intéresser aux choses spirituelles, comme si tous les serviteurs de Dieu devaient nécessairement être des pauvres bougres malheureux. Ce n'était certainement pas l'idée que j'avais de moi-même.

Les yeux baissés, je regardais les mains de l'évêque, jointes sur le bureau. Il parlait toujours :

— Je vais être honnête avec vous, garçons. Ce n'est pas une vie facile. Elle implique l'obéissance à Dieu et aux supérieurs. Vous en aurez un aperçu à Nazareth. C'est un défi que je vous propose de relever.

Il continua encore quelques instants, et nous annonça notre départ prochain. J'écoutais à peine. Faraj me lança un rapide coup d'œil, et au fond de moi, je fus sur le point d'exploser. Si le petit séminaire était un défi, au moins Faraj et moi, le relèverions-nous ensemble.

L'arrivée à Nazareth, au début de l'année 1954, marqua une autre étape très importante pour moi. Je commençais à voir clairement que mon chemin m'amenait au service de l'Église. Étrangement, j'en étais tout à la fois, heureux et dérangé.

Dans l'après-midi de notre arrivée au petit séminaire Saint-Joseph, un frère en robe grise, nous conduisit, Faraj et moi, dans un dortoir encore inachevé. Marchant derrière lui, je pus remarquer que le confort serait loin d'être aussi douillet qu'à l'orphelinat de Haïfa. Aucun rideau ne protégeait les fenêtres sans carreaux, et un vent frais s'engouffrait continuellement dans la pièce. Nous avions une très belle vue sur Nazareth qui s'étendait à nos pieds dans la vallée, et où la tradition situait le puits de Marie et l'atelier de charpentier de Joseph. Mais cette chambre était glaciale. Je compris alors que la chaude ambiance des « mères » était bien finie. Nos vies à l'orphelinat avaient été abusivement réglées dans un souci d'ordre et d'efficacité, mais les prêtres et les frères de Saint-Joseph allaient très vite nous faire comprendre qu'ici régnait l'ordre à tout prix.

Tandis que le frère nous laissait poser nos quelques effets personnels près des lits que l'on venait de nous assigner, il nous jeta brusquement :

— Vous êtes attendus à l'office bientôt. Veillez à ne pas être en retard.

Nous installâmes nos affaires, en badinant et en plaisantant avec les quelques autres garçons arrivés avant nous. Il n'y avait que trente-quatre élèves cette première année. A l'heure de la prière, nous nous précipitâmes à l'église attenante au dortoir. Immédiatement le regard sévère de l'un des frères arrêta notre bruyante entrée. Du coup, nous nous glissâmes silencieusement sur la pointe des pieds dans une rangée du fond.

Devant, tout au fond de la chapelle, un frère lisait la Bible d'une voix pleine et sonore. L'écho se répercutait dans cette immense pénombre. Les derniers feux du jour s'accrochaient aux fenêtres et réchauffaient ainsi d'une faible lueur les pierres grises des parois. Mon regard se porta vers le sommet des hautes voûtes, tandis que je m'enivrais du parfum exotique de l'encens qui emplissait doucement l'atmosphère. Un profond silence semblait engloutir même la voix du frère. Le silence, merveilleusement plein, de l'éternité.

Une sensation familière me parcourut tout entier. Ce silence me faisait penser à celui, agréable, qui unit deux amis, à ce moment de sérénité qui ne demande aucune parole, lorsqu'on baigne tout entier dans la chaleur et la joie d'une présence réciproque. Oui, c'est bien cela que je ressentis : une présence familière. L'ambiance feutrée et recueillie remontait à la surface de mon être, du fond du puits de la mémoire, et je fus de nouveau plongé dans la paix solitaire qui baignait les collines de Biram. En une fraction de seconde, je revécus ces journées sans fin où il me semblait marcher près de Jésus, le modèle de mon enfance. Évidemment, un flot de joie submergea mon âme.

Je demeurai assis, dans le silence intérieur, pénétré du sentiment qu'en cet endroit, dans cette église, sur ce banc, j'étais à la maison. Là, en *cette présence*, j'avais retrouvé ma dignité. Les paroles de Jésus, que Mère s'était toujours plu à répéter, encore et toujours, me revinrent à l'esprit : « Je vous laisse la paix. Je vous donne ma paix. Non pas comme le monde vous la donne... »

Désormais, je crus avoir compris la raison de mon désir de solitude devenu si évident à Haïfa. Nullement une fuite du monde ! Un cri du cœur m'appelait à me tenir, à me présenter, seul devant Dieu. Seul avec lui, je pouvais trouver la sérénité parfaite. Quelle consolation ! Il est sûr que Père l'avait désiré pour moi lorsqu'il m'envoya la première fois chez l'évêque.

L'office se termina trop tôt à mon goût. Je voulais me fondre pour toujours dans une tranquillité immuable.

Dès notre emploi du temps connu, je recherchai les moments de liberté durant lesquels je pourrais m'évader dans la quiétude pénétrante de l'église. Je m'y trouvais proche du cœur de Dieu le Père. Bien des fois, Faraj me rejoignait. Cela ne me dérangeait pas. J'appréciais sa compagnie. Même au plus fort d'une journée mouvementée ou studieuse, il semblait porter en lui une rare et tranquille force d'âme. Lorsque nous méditions ensemble dans l'atmosphère intensément apaisante de l'église, il était toujours parfaitement immobile. Parfois, je l'observais d'un œil. Sans même un battement de cil, il paraissait sculpté dans une profonde contemplation.

Une fois que nous étions tous deux dans ces lieux, il ouvrit les yeux et surprit mon regard. Sur son visage s'épanouit un large et délicat sourire qui illumina ses yeux sombres. Il dit :

— Tu le sens aussi, n'est-ce pas ?

Je fus surpris car je pensais que cette présence diffuse et secrète était, pour une grande part, un produit de mon enfance, et seulement de la mienne. Je ne m'attendais pas à ce que ce sentiment soit partagé par quiconque.

En dehors de nos visites communes à l'église, je commençai à faire l'expérience personnelle d'un phénomène inhabituel. Bien des soirs, je m'enroulais sous mes couvertures, et j'écoutais la respiration lente et rythmée des autres garçons jusqu'à ce qu'enfin la torpeur me gagne. Puis, aux alentours de minuit, je me réveillais, comme si quelqu'un m'avait secoué. Je clignais des yeux dans l'obscurité. Ma première pensée était toujours la même quand j'émergeais de l'océan du sommeil : « Viens à l'église ! » La voix n'aurait pu être plus distinctement audible si Faraj ou un autre m'avait chuchoté dans l'oreille.

Plusieurs mois après notre arrivée à Nazareth, cet appel se fit entendre. Je me levai, m'habillai prestement, puis me glissai dans les courants d'air froids et mystérieux de la nuit. Une lune brillante et presque pleine s'était levée. J'entrai doucement dans le silence de la maison de Dieu dont les piliers de pierre brillaient d'un éclat argenté. La lueur semblait se refléter et se fondre très haut, près des voûtes qui me dominaient et m'obligeaient à lever les yeux. Encore tout ensommeillé, je me glissai silencieusement sur un banc, pénétré par la beauté de ce sanctuaire froid et sonore. Je pensai retrouver une solennité joyeuse, habituelle en ce lieu.

Mais cette nuit-là, je me sentis désagréablement nerveux. Tandis que la lune projetait ses ombres au-dessus de moi, mon esprit s'envola vers Père et Mère. Bien sûr, je pensais souvent à ma famille, mais cette nuit, je ressentis quelque chose de plus fort qu'une simple sensation. Il me sembla entendre dans l'espace serein de mon cœur une voix qui me répétait des passages familiers du Nouveau Testament. Presque huit ans avaient passé depuis que je m'étais assis pour la dernière fois sur les genoux de Mère et que j'avais écouté ces superbes phrases tirées de l'écrin de sa mémoire. Aujourd'hui, ces phrases n'étaient plus de simples souvenirs, mais des mots brûlants. J'étais littéralement rivé aux Béatitudes.

Bien qu'elles m'aient consolé, ces lignes m'étaient parfois apparues assez énigmatiques lorsque j'étais gamin. Elles devenaient soudain terriblement perturbatrices. Qu'est-ce donc qui les rendait tellement contradictoires et embarrassantes ?

Comment être doux et avoir quoi que ce soit dans un monde affamé de pouvoir ? Si vous vouliez vivre dans le bonheur et la paix, ne viendrait-il pas quelqu'un pour vous chasser purement et simplement de votre maison, pour la bombarder et vendre votre terre ? Que signifiait avoir faim et soif de justice ? Les Béatitudes se situaient-elles au-delà d'une impossible réconciliation ? Jésus les avait-ils proclamées seulement pour faire rêver de jeunes écoliers pieux ?

Je fus consterné de m'apercevoir que ces questions — douces mais provocantes — me troublaient. Elles semblaient presque surgir en dehors de mes propres pensées.

Mes yeux suivirent le tracé incurvé d'une ogive jusqu'au point où celle-ci disparut dans l'ombre au-dessus de moi. Je fus soudain frappé par l'ironie de ma situation : je n'avais trouvé un havre de tranquillité dans mes escapades nocturnes à l'église que pour le voir perturbé par cette agitation intérieure croissante. Pour quelle raison le fil de ma paix intérieure était-il toujours tendu jusqu'à son point de rupture ?

J'étais resté trop longtemps dans le sanctuaire à me battre contre ces pensées, alors que j'aurais dû retourner me coucher. Tout d'un coup, je me sentis complètement épuisé. Au lieu de me lever tout de suite, je m'étendis sur le banc, en serrant mon tricot contre moi et j'essayais de maîtriser mon esprit turbulent et obscurci par la fatigue : les pensées perturbatrices s'évanouiraient peut-être si je m'étendais quelques minutes. Ensuite, à pas de loup, je regagnerais le dortoir. Je fermai donc les yeux, juste une minute, pour les reposer.

Quelqu'un me secoua. Ce n'était plus la douce main qui semblait m'avoir réveillé à minuit, mais une poigne ferme et insistante. Je clignai des yeux et j'aperçus la lueur rosée du soleil levant sur les murs de pierres et le visage courroucé de l'un des frères.

— Que fais-tu là ? demanda-t-il.

Un peu ahuri, je me redressai, très droit. Je ne savais que répondre.

— Je suis venu pour être seul. Pour prier. J'ai dû m'endormir.

Il ne parut pas entendre.

— Tu es supposé être au dortoir, et non vadrouiller dans la nuit. Tu n'as aucune excuse.

Je fus bouleversé. Ne me croyait-il pas ? Je tentai de lui expliquer que je ne vadrouillais pas, que je n'étais pas non plus en train de me justifier.

Pour toute réponse, il me saisit par le col. Adolescent, j'étais sensiblement de la même taille que lui, mais je ne songeais pas un instant à lui résister.

— Viens ! Nous allons chez le supérieur, dit-il en me poussant devant lui.

Le père Basilios Laham, supérieur du séminaire, passait pour un homme habituellement bienveillant, même s'il était quelque peu sévère. Ce matin-là, il me fixa par-dessus son bureau d'un air interrogateur. Je débitai rapidement mon histoire : j'étais parti prier, c'est tout. Bien évidemment, je n'avais pas fait de mal. Toutefois, je ne réussis pas à lui donner de moi l'image d'un jeune et saint visionnaire.

— Je regrette, Élias, répliqua-t-il gravement. Tu as enfreint le règlement. Qu'arriverait-il si nous autorisions chaque élève à faire ce qu'il veut ?

Comme je suis lié par les lois de l'Église, tu es lié par le règlement de l'école. Tu dois être puni.

Pour la première fois, j'affrontais les règles inflexibles de l'Église-institution. Je ne comprenais pas pourquoi la stricte obéissance à une règle importait plus qu'une recherche de Dieu faite avec son cœur. Malheureux, je ne pouvais cependant en vouloir au supérieur. C'était un homme qui essayait de remplir sa fonction du mieux qu'il pouvait. Je finis, au bout du compte, par accepter, plus ou moins tranquillement, ma punition : quarante jours de privation !

Malheureusement, cet épisode ne devait pas constituer mon dernier accrochage avec une Église qui paraissait avoir oublié l'humanité qu'elle était censée servir. Malheureusement aussi, ma langue bien pendue, qui m'avait joué tant de tours quand j'étais enfant, s'était encore allongée à l'adolescence. Une fois, on m'infligea quarante jours de silence pour désaccord avec les frères. Je souhaitais en effet davantage d'études bibliques et moins d'activités sportives. Je fus taxé d'insubordonné, d'insoumis.

Mon franc-parler se révélait particulièrement désastreux dans les moments les plus délicats.

Un jour à la fin de l'année 1954, on nous annonça que l'archevêque allait venir inspecter l'école. Éminent dignitaire étranger, le nouvel ambassadeur des États-Unis en Israël devait l'accompagner au cours de cette visite. Fort désireux, évidemment que le collège laisse la meilleure impression possible, l'évêque viendrait d'Haïfa pour se joindre à eux. Notre dortoir devait être impeccable. On nous serina une politesse sans faille.

Une semaine plus tard environ, on frappa fort à la porte de la classe, au milieu d'un cours de la matinée. Le père Laham entra en trombe, accompagné de l'évêque, de l'archevêque et de l'ambassadeur. Le frère qui faisait son cours pâlit légèrement : il paraissait presque aussi gris que sa robe. Il essuya nerveusement la poussière de craie qui blanchissait ses doigts et tendit sa main tremblante pour saluer l'élégant ambassadeur. L'archevêque qui mettait son point d'honneur à connaître tous ses futurs séminaristes par leurs noms et leurs villages d'origine, commença de nous présenter un par un. A l'appel de son nom, chaque élève se leva promptement et baissa respectueusement la tête.

Après avoir fait plusieurs présentations, l'archevêque se tourna vers moi et me sourit chaudement. D'un bond, je me levai.

— Voilà Élias Chacour, annonça-t-il avec un grand sourire. Il est de Gish.

— Pardon, Monseigneur, répliquai-je sans réfléchir. Je ne suis pas de Gish, mais de Biram.

Soudain, tous les yeux se braquèrent sur moi. Même Faraj, pourtant habitué à mon franc-parler, eut la gorge nouée. Le frère, le supérieur et l'évêque rougirent tous ensemble. L'ambassadeur sourit, il ne parut pas remarquer mon écart de langage : jamais on ne rectifie les paroles d'un archevêque.

— Biram n'existe pas, dit-il d'un ton sec, sans plus aucune chaleur.

Irrité, je poursuivis tout fort :

— J'espère bien qu'il existera de nouveau un jour.

Malgré tout le respect dû à un archevêque, je ne pouvais permettre que la souffrance de mon peuple soit ainsi effacée.

— Assieds-toi, ordonna-t-il en grinçant des dents.

Les visiteurs quittèrent aussitôt la salle de classe pour continuer la visite de l'école, après un échange, bref et quelque peu pénible avec le pauvre frère qui ne savait où se mettre. J'espérais innocemment que mon incartade serait oubliée. Pas du tout ! On me réserva plus tard une séance de morale prolongée pour : « remarques insolentes ».

Seul dans le dortoir, je me reprochai de n'avoir pas su garder ma langue au chaud. Pourquoi cette obstination à propos de Biram ? Après tout, l'archevêque avait en un sens raison : le village était détruit et notre terre confisquée. Qu'est-ce qui m'empêchait d'oublier, de l'évacuer de ma mémoire comme le faisait le prélat ? Après tout, c'était un homme de Dieu. Je souhaitais lui ressembler davantage, ainsi d'ailleurs qu'à Faraj qui était si aimable. Je fis le vœu d'essayer de me montrer plus calme, plus respectueux et plus obéissant envers mes supérieurs.

D'un côté, mon désir de servir l'Église grandissait, et d'un autre, une certaine voix m'appelait vers quelque chose de plus. Je ne savais pas !

La tension s'estompa lentement pendant les quatre années que durèrent mes études à Saint-Joseph. Je persévérai dans mon apprentissage de l'obéissance. J'ingurgitai les enseignements et les règles de l'Église. Enfin, j'essayai vaillamment de me transformer en séminariste docile.

Un afflux de nouveaux élèves vint grossir nos rangs et surcharger le dortoir. Aussi, on nous demanda si des volontaires voulaient bien dormir dans l'église. J'acceptai d'emblée, ainsi que Faraj. Par une sorte d'ironie du destin, j'eus alors tout loisir de poursuivre en toute quiétude mes méditations nocturnes.

Les forces sionistes envahirent Gaza en 1955. Un an plus tard, elles mirent la main sur cette immense péninsule du Sinaï, découpée comme une tranche de gâteau posée entre l'Égypte et le nouvel état. Les Nations unies réagirent. Elles exigèrent le retrait des forces israéliennes sur les frontières de l'armistice de 1948. Tout en accédant à la requête, le Premier ministre Ben Gourion et son ministre de la Défense soulignèrent que l'invasion était nécessaire car Israël avait besoin d'une zone-tampon entre l'Égypte et elle : le nouveau président égyptien Nasser ne parlait-il pas d'unifier les nations arabes pour « libérer » la Palestine. Un tollé d'indignations contre l'agression arabe souleva la presse israélienne et se répercuta dans le monde entier. Ainsi fut occulté le problème des réfugiés palestiniens — tant à l'intérieur qu'à l'extérieur d'Israël — par la sympathie portée à la jeune nation « assiégée ».

A Saint-Joseph, nous suivions le conflit qui s'aggravait et se calmait. Nous discutions des implications politiques avec toute la fougue de jeunes gens sûrs de leurs opinions. Lorsque cessèrent les combats, au moment du retrait israélien, certains élèves dirent leur satisfaction que tout soit terminé, bien plus, que la guerre ait eu lieu dans le sud du pays. Malgré certains durcissements des « lois d'exception », ce dont nous avions pu nous rendre compte, la tourmente, cette fois-ci, ne nous avait pas touché, ni nos familles. Pour certains d'entre nous, la sécurité personnelle était tout ce qui importait.

Une telle manière de voir me gênait beaucoup. N'étions-nous à l'abri que sous les ailes protectrices de l'Église ? Ou bien étions-nous chloroformés par notre propre tranquillité ? Pour quelles raisons les souffrances endurées par notre peuple sur les collines ou dans les camps ne provoquaient-elles pas la colère ou, tout au moins, la souffrance ?

Tout cela vint s'ajouter à mes combats intérieurs. Je souhaitais pouvoir rester serein et calme face aux tensions mondiales, cela à l'image de Père, de Faraj et des frères de Saint-Joseph. Il ne me vint pas à l'idée que mon indignation n'était pas forcément mauvaise chose. Telle une balance trop violemment chargée, mon cœur cherchait à se redresser. Cette volonté allait m'entraîner au cœur même de l'immense et brûlant conflit qui dévastait notre terre.

Au cours de mes deux dernières années d'études à Nazareth, une conviction se fit jour peu à peu et grandit : le service de Dieu signifiait autre chose et plus que de plâner au-dessus des combats d'ici-bas, dans une sorte de royaume irréel qui ressemblerait à quelque pâle icône. Un encouragement dans ce sens vint, inattendu.

Le père Ghazal était l'un des professeurs les plus sévères de Saint-Joseph. Sa voix pouvait devenir tranchante comme du métal à l'énoncé d'une réponse fausse. Il ressemblait alors plus à un militaire de carrière qu'à un prêtre. La plupart des élèves le craignait. Pourtant, sous son apparence bourrue, je croyais pouvoir découvrir un cœur merveilleusement sensible et un intérêt sincère pour notre progression spirituelle et intellectuelle.

Un jour que j'assistais à l'une de ses conférences, vers la fin de 1957, un élève posa cette question : comment pouvait-on être un bon chrétien si... eh bien... si certaines personnes vous ennuyaient ? Si l'on était souvent en colère ou impatient ? balbutia-t-il précipitamment.

Le père Ghazal resta un moment comme pétrifié. Il regarda en l'air comme s'il cherchait les mots justes.

Puis il dit simplement :

— Il n'est pas suffisant d'essayer d'être bon, d'essayer d'être une espèce de « saint ». Vous devez laisser Dieu prendre place dans votre corps. Vous devez vous laisser dompter par lui. Il peut vous envoyer quantité d'épreuves difficiles ; ce sont ces épreuves qui vous dompteront. Alors, vous serez prêts à faire son bon plaisir.

Soudain, sans savoir comment, je me souvins de la prière que j'avais formulée plusieurs années auparavant, juste après notre exil à Gish. J'avais alors demandé à Dieu d'utiliser mes mains et mes pieds comme les siens. Et maintenant, le père Ghazal disait qu'un serviteur de Dieu devait faire cela, ni plus, ni moins.

Je souris en me demandant s'il était réellement possible que Dieu ait pris au mot la prière de mon enfance, en me confiant d'abord à l'évêque, puis aux prêtres du collège Saint-Joseph. Plus encore, je me demandai si Dieu m'avait permis de sentir son propre amour pour le peuple palestinien. Une effroyable tension me brûlait intérieurement une tension qui naissait du souvenir de la guerre, du bombardement et de la volée de coups que j'avais reçue. Tension que je devais dominer.

En dépit de ce sentiment, je gardais une conviction : il me fallait étudier, non pas seulement en vue de l'ordination dans l'Église, mais aussi pour être un messager de mon peuple. Même ainsi conçue, cette pensée m'amusa. Quel était donc mon message ? Allais-je dire que chacun quitte son village et se retire derrière une clôture ?

Je jetai un coup d'œil à Faraj. Une intense réflexion fronçait et rapprochait ses sourcils ; j'espérai pouvoir saisir la réponse qu'il donnait aux commentaires du père Ghazal. Nous étions tous deux censés déclarer formellement nos intentions vers la fin de notre scolarité à Nazareth. Ressentirait-il les choses comme moi ?

Ma dernière année fut entièrement consacrée à méditer sur mon orientation. Chaque durcissement des « lois d'exception » sous lesquelles vivaient les Palestiniens en Israël, chaque confiscation des terres d'un village au profit d'un *kibboutz*, provoquaient en moi un picotement d'indignation. Au terme de ma réflexion, je me demandai toujours comment je pouvais délivrer un message de paix à des hommes — Juifs ou Palestiniens — qui vivaient dans un état de guerre quotidien.

Un soir de printemps de l'année 1958, tandis que nous abordions notre dernier semestre à Saint-Joseph, Faraj et moi étions seuls. Nous révisions nos cours, dans nos « quartiers d'église ». Comme je sentai qu'il m'observait, je levai les yeux.

Faraj ferma brusquement son livre et une feuille de papier tomba sur le sol. Il se redressa et croisa son long bras souple sur sa poitrine. Nous avions tous deux presque dix-neuf ans. Mon buste et mes épaules s'étaient épaissis, les siens étaient devenus plus élancés. Il allongea ses jambes maigres et je ramassai son papier. Toujours curieux, je lui demandai :

— Qu'est-ce qu'il y a ? A quoi penses-tu ?

— Élias, commença-t-il, nous avons grandi comme des frères. Sais-tu que nous sommes ensemble depuis six ans ? Et notre séjour à Saint-Joseph tire à sa fin.

— C'est vrai. Et ? ...

Je souris, curieux de savoir où mon *alter ego* voulait en venir. Les mains croisées derrière sa tête, il se rallongea sur son matelas. Et subitement, il déroula sous mes yeux une vision de l'avenir. Notre avenir.

— Tu sais que l'évêque est en train de se renseigner auprès du séminaire de Jérusalem. S'il réussit, nous pourrons aller là-bas ensemble. Ne serait-ce pas formidable ? Nous pouvons aller là-bas comme des frères, Élias. Nous sommes des frères, n'est-ce pas ?

« Séminaire... ensemble... » : à ces mots, mon cœur bondit.

Il poursuivit :

— Après le séminaire et notre ordination, nous pourrons peut-être avoir une paroisse ensemble. J'ai réfléchi à ce qu'a dit le père Ghazal à propos de Dieu qui devait occuper, s'établir en nos corps. Voilà ce que nous pouvons faire : nous pouvons vivre simplement, et tout partager de manière parfaitement équitable, à l'image des premiers chrétiens. Nous pouvons vivre paisiblement au milieu des pauvres et consacrer nos vies à leur service.

Il continua de parler encore un petit moment. Il ébaucha sous mes yeux un rêve lumineux, qui comblait un profond désir, le besoin d'une maison, l'envie de posséder un lieu. Cela me semblait si consolant, si simple. Quand il eut fini, je me surpris à accepter son plan : je remplissais mon vide avec le rêve d'un autre. Pendant ce temps, j'écartai les pensées troublantes et les voix provocantes.

Nous parlions quotidiennement et avec un enthousiasme croissant des vœux que nous ferions pour mener des vies de charité, d'humilité, d'obéissance, et être ainsi dans les villages de Galilée les mains de l'amour de Dieu. Je pensais que nous mènerions la vie de Père, faite de pauvreté de cœur et d'offrande à Dieu de tous nos biens.

Mais notre rêve s'écroula sous le souffle brutal de la réalité.

Tandis que nous étions mis à dure épreuve lors de nos derniers examens au cours des dernières semaines à Saint-Joseph, l'évêque nous apprit encore d'autres mauvaises nouvelles. Je retins difficilement mes larmes de souffrance et de colère quand il nous déclara, les yeux exhorbités :

— Vous ne pouvez pas aller à Jérusalem. Les autorités ne vous permettront pas de traverser la frontière pour vous rendre au séminaire.

Très vieil établissement melkite, le séminaire se situait hors des frontières d'Israël, dans le secteur de Jérusalem attribué, par les Nations unies, au royaume de Jordanie. L'évêque nous expliqua que « les Jordaniens ne voulaient pas que les Palestiniens contaminés, vivant dans les territoires occupés », viennent s'instruire dans leur secteur de la ville. Malgré la proximité du séminaire et notre intention expresse de servir l'Église, l'évêque ne pouvait pas influencer les autorités : l'accès à la Jordanie nous était interdit. Une fois de plus, notre peuple était diffamé, condamné par cette expression maudite : « sales Palestiniens ». Comme je détestais cela !

Toujours plein de ressources, l'évêque n'était pas prêt à se laisser abattre par cet obstacle qui interdisait à deux séminaristes pleins de vie de partir. Il mit à profit ses relations dans l'Église, il prit rapidement des contacts et nous annonça une semaine plus tard :

— Élias, Faraj. Vous allez poursuivre vos études à Saint-Sulpice. Une bonne école, très bonne école, à Paris. Tout est arrangé.

A Paris ? Nous fûmes stupéfaits. Ni l'un ni l'autre n'étions jamais sortis de Galilée, si ce n'est pour notre scolarité protégée à Haïfa. Et on nous laisserait seuls dans une contrée aussi lointaine que l'Europe ? L'évêque en avait décidé ainsi. Il n'y avait pas à discuter.

De retour à Gish après mes examens, j'annonçai la nouvelle à ma famille : sa réaction fut aussi partagée que la mienne. Père et

Mère étaient ravis que l'un de leurs fils travaille et s'instruise pour être prêtre. Mais à Paris ? Dans leur esprit, aucun de ceux qui étaient allés en Europe n'en était revenu. Je vis la tristesse se profiler derrière le sourire de tous mes proches parents qui s'assemblèrent pour me voir partir.

Au moment du départ, Wardi et mes frères m'embrassèrent un par un. Père et Mère me serrèrent contre eux une dernière fois, puis me lâchèrent avec un sentiment mitigé de joie et de peine. Désormais, j'avais l'impression — consolante et provocante à la fois — que mon chemin se rétrécissait devant moi.

Une semaine plus tard, Faraj et moi tentions de nous amariner sur la passerelle du paquebot balancé par le roulis, qui nous éloignait du port d'Haïfa. Comme des frères, nous étions côte à côte, grands, avides, encore innocents et protégés des choses de ce monde. L'évêque nous avait remis un peu d'argent, l'équivalent de dix dollars, pour nous permettre de rejoindre Rome de Naples, notre port de débarquement en Europe. Il nous avait assuré que l'une de ces connaissances nous accueillerait dans le port italien. Appuyés au bastingage, nous regardions en silence s'éloigner et disparaître les rivages verts de notre patrie.

— Plus de six ans, Élias. C'est long.

La voix de Faraj brisa notre silence.

Ma gorge se noua, je ne trouvai rien à répondre. Une fois de plus, ma famille était disloquée par le furieux conflit qui faisait rage en Israël.

Je ne pouvais encore deviner les pressions qui lentement allaient écraser ou pulvériser nos villages déjà mutilés. Mon cœur n'était rempli que du merveilleux rêve de revenir au pays pour y vivre simplement, paisiblement, en dispensant la charité de l'Église. Je ne pouvais imaginer que ma vie allait prendre un tournant plus radical, que mon projet de vie sacerdotale paisible avec Faraj ne se réaliserait jamais. Un surprenant réveil se préparait.

Quand nous quittâmes le pont, notre moral se rasséréna quelque peu. Paris devint le centre de notre conversation.

7

« LES SALES PALESTINIENS »

Faraj et moi, nous donnions l'impression de deux garçons qui erraient dans Paris, les yeux écarquillés. Nanti depuis fort longtemps de sa réputation de creuset destiné à former l'esprit des jeunes hommes qui rentraient au service de l'Église, le séminaire était situé dans l'un des plus vieux quartiers de la ville. Le musée du Louvre, la Seine, Notre-Dame, la vénérable Sorbonne et les magnifiques jardins du Luxembourg n'étaient pas loin. Galeries d'art et boutiques de luxe abondaient. Même nos logements dans les bâtiments de style italien du séminaire, peut-être humbles par rapport à d'autres, étaient pour nous des habitations royales. Ce monde de fascination, d'art, d'intellectualisme, d'aventure et de prospérité allait bien au-delà de ce que nous avions pu imaginer, il nous coupait le souffle.

D'emblée, nous apparut l'un de nos plus gros handicaps : nous parlions peu le français. Les bribes que les « mères » nous avaient apprises à l'orphelinat d'Haïfa nous servirent peu lorsqu'au jour de la rentrée, on nous envoya suivre à la Sorbonne une conférence sur la philosophie existentielle de Sartre. Attentifs, les autres étudiants opinaient du bonnet au bon moment, tandis que le professeur, qui prenait un air de propriétaire terrien et fumait cigarette sur cigarette, commença son exposé sur Sartre. Faraj et moi étions désorientés. Nous n'apprîmes qu'une chose : il ne parlait pas notre langue.

Nous eûmes très vite des difficultés pour nous initier au français. Peu à peu, au fur et à mesure de nos progrès, surgit un problème plus grave.

Nous rencontrâmes plusieurs amis chaleureux parmi les membres de l'église Saint-Sulpice. Professeur d'une grande bonté, le père Longère devint rapidement notre confident et notre guide tandis que nous tentions de nous habituer aux coutumes occidentales. Nous fûmes assez souvent invités pour des repas « faits maison » chez une certaine Mlle Deville, très sainte et pieuse femme d'âge mûr. En bonne chrétienne, elle fit toujours de son mieux lorsque le mal du pays devenait vraiment trop insupportable. Cependant, dès le commencement, nous sentîmes une certaine barrière entre elle et nous. S'il nous arrivait d'aborder des sujets qui concernaient la situation dramatique de notre peuple, elle changeait rapidement de conversation, pour l'orienter vers des thèmes moins brûlants et plus « mondains ».

Beaucoup d'étudiants du séminaire se montraient amicaux et souvent même curieux et intéressés par notre vie en « Terre sainte ». Naturellement, nous ne manquions jamais une occasion de parler de notre patrie et les conversations aboutissaient inévitablement à la guerre de 1948. Dès que nous évoquions l'exode d'un million de Palestiniens, les morts, la destruction de Biram et la terreur qui avait frappé nos familles, un étrange silence tombait immanquablement. Les étudiants se jetaient des coups d'œil furtifs et approuvaient légèrement de la tête, comme s'ils voulaient seulement nous faire plaisir.

Un jour pourtant, quelques mois après notre arrivée, ce silence gêné fut enfin rompu. Alors, notre connaissance de la langue française progressait vite. Au cours d'une conversation, j'en vins à raconter l'expulsion forcée des hommes de Biram. Faraj ajouta que bien d'autres villages avaient subi le même sort.

— Eh bien, je suppose, dit un étudiant, en s'éclaircissant nerveusement la voix, que les sionistes devaient faire quelque chose pour se protéger contre les terroristes.

— Nous n'avions qu'un désir : vivre en paix avec eux, laissai-je échapper, et cultiver nos terres.

Je sentis mes joues s'empourprer.

— Soyons honnêtes, répliqua-t-il d'un air inquisitorial. Nous avons entendu parler du terrorisme arabe. Les sionistes savaient que s'ils ne « nettoyaient » pas ces villages, il n'y aurait pas de paix.

C'était vrai ! A cette époque, vers la fin des années 50, quelques bandes d'hommes faiblement armés appelés les *fedayin,* avaient commencé de se rassembler dans les pays limitrophes d'Israël pour comploter. Les pays où ils étaient ne voulaient même pas d'eux. Mais à l'époque où nos villages avaient été ravagés, aucun groupe organisé de ce genre n'existait.

— Est-ce cela votre conception de la « paix » ? demandai-je. Pensez-vous vraiment qu'une poignée d'étrangers puisse impunément écraser par la force un peuple entier de pauvres gens et prendre leurs terres ?

La violence des mots qui jaillirent soudain de moi comme une colère trop longtemps comprimée, m'effraya.

— Élias !

Faraj me saisit le bras. Son regard m'invita à la prudence, il espérait ainsi détendre l'atmosphère. Sachant qu'il était vain de discuter davantage, je poussai un long soupir. Mais je ne pus m'empêcher de continuer :

— Écoutez ! repris-je plus calmement. Les Palestiniens ne sont pas tous des combattants. Pas plus que nous ne sommes des terroristes. C'est nous qui avons été terrorisés. Au cours de son histoire, le peuple français s'est dressé contre l'oppression. Et les révolutionnaires sont vénérés comme des héros parce qu'ils ont gagné. Auraient-ils perdu qu'on les appellerait des rebelles et des traîtres. Vous nous connaissez depuis quelques mois, dis-je encore, désignant Faraj et moi-même. Nous ne sommes pas des terroristes. Nos familles non plus ! Nous ne voulons faire de mal à personne. Les Juifs sont les bienvenus dans notre pays, mais nous ne voulons pas que leurs soldats prennent nos terres et nos maisons. Si vous étiez à notre place, l'accepteriez-vous ? Nous ne désirons qu'une chose, ramener la paix au pays, réconcilier les Palestiniens et les Juifs.

Notre ami rétorqua :

— Vous dites cela parce que vous êtes de bons Palestiniens.

Ces mots nous consternèrent profondément. Faraj et moi étions de bons Palestiniens ! Cela sous-entendait que la plupart des autres ne l'étaient pas. Je ne pus m'empêcher de me souvenir des villageois de Biram qui se pressaient chaque dimanche à l'église et rendaient grâce pour leur vie simple. D'où venait donc une telle réaction ? Les autres pensaient-ils la même chose ?

Malheureusement, nous apprîmes en effet que les Palestiniens étaient considérés comme des gens ignorants, inamicaux et violents. Maintenant qu'il n'avait ni drapeau, ni voix pour hurler sa défense à la face du monde manipulé par la presse, notre très vieux peuple avait donc la pire des réputations. Nous étions des parias.

Cette pénible situation ne m'apparut jamais avec autant d'acuité que lors de notre premier Noël en France.

Un personnage aisé et influent dans l'Église m'invita à fêter Noël avec sa famille et quelques autres amis dans sa maison de campagne, hors de Paris. Comme Faraj était reçu dans une autre famille, j'acceptai afin de ne pas rester seul.

On vint me chercher devant la porte de ma chambre la veille de Noël. Il neigeait légèrement quand on m'emmena dans la banlieue. Pendant le trajet, je m'efforçai de chasser le souvenir de Père et Mère, si loin de moi, pour essayer de passer un bon Noël avec une famille de remplacement.

Ressemblant à un manoir, la maison de mes hôtes était décorée, avec goût, par d'élégantes bougies placées dans des appliques murales. Leur lumière réchauffait les ténèbres de cette nuit d'hiver. J'étais en train de regarder la maîtresse de maison allumer la dernière, quand le carillon de la porte retentit. Tandis qu'elle se précipitait vers l'entrée, son mari me fit face, posa sur moi un regard étrange, puis me dit :

— J'ai l'intention de vous présenter comme un invité spécial. Je... J'espère que cela vous sera égal.

Je me sentis flatté. Je n'imaginais pas en quoi cela aurait pu me déranger, je me contentai simplement d'approuver.

Les enfants étaient en train de faire passer un plateau avec des verres de cidre chaud auquel on avait ajouté de la cannelle, et mon hôtesse avait disparu pour s'occuper des manteaux. Un couple, tout juste arrivé, entra dans la pièce. Alors le maître de maison me présenta :

— Voici Élias Chacour.

Je tendis la main.

— Très heureux de vous rencontrer. Je viens du village de Bi...

— De Bethléem ! coupa mon hôte, en me donnant une bourrade dans le dos. Élias est un étudiant juif de notre séminaire. Imaginez ? J'ai pensé que ce serait une délicieuse surprise de compter un croyant juif venu de Terre sainte pour célébrer Noël avec nous, termina-t-il avec un sourire désinvolte.

Les invités étaient ravis. Moi, je le regardai, stupéfait. Pourquoi mentait-il ? Dès que je pus, avant que d'autres convives n'arrivent, je le pris à part pour lui demander s'il n'avait commis une petite erreur.

— Ce soir, vous êtes juif, de Bethléem, dit-il avec un sourire froid. Est-ce une grande faveur que de vous demander cela ? Si vous cessez de clamer au monde entier que vous êtes Palestinien, vous ne vous en porterez que mieux.

J'étais accablé. Il ne m'avait pas invité chez lui par bonté, mais pour m'utiliser. Une attraction le soir de Noël ! Tout au long de la veillée, il continua de me présenter comme un jeune Juif de Bethléem. Trop gêné pour le contredire, j'étais effondré.

Après cet incident, Faraj et moi prîmes de plus en plus conscience que le fait d'être Palestinien était aux yeux des Occidentaux une tare affreuse, comme la lèpre. Au début des années 60, cette triste réputation allait recevoir encore un méchant coup. En effet, des bandes plus nombreuses de *fedayin* se rassemblaient, comme un nœud coulant qui se resserrait, aux frontières d'Israël.

Pendant ces quelques premières années de séminaire, j'éprouvai une nouvelle tension, tension entre la spiritualité héritée de générations d'ancêtres croyants et les philosophies de l'Église moderne. Au cours de ma deuxième et troisième années à Paris, j'étais de plus en plus conscient que l'essentiel de l'enseignement qu'on nous dispensait ne reposait que sur l'étude des dogmes de l'Église, des rituels, des rites et des règlements. Malgré mes notes élevées et mes facilités d'apprentissage rapide des langues tant anciennes que modernes, j'étais toujours mal à l'aise. Où était donc la sagesse spirituelle, la force que j'avais tant espéré trouver ? Il me semblait toujours que, pendant les cours de théologie, j'étonnais les professeurs imprégnés des philosophies à la mode.

Mon travail était souvent mis en pièces en particulier par un professeur de logique dont c'était, semble-t-il, le passe-temps favori. Pendant son cours, il nous demanda de rédiger un article sur « la vision correcte de Dieu à l'âge atomique ». Le sujet m'amusa un peu : chercher si Dieu avait besoin d'être « correctement vu » par des séminaristes, comme s'il était un germe minuscule sous un microscope. Je me demandai si nous ne devions pas plutôt réfléchir sur la façon dont il pouvait peut-être nous voir.

Je construisis néanmoins mon argumentation avec grand soin. Je commençai par montrer que Dieu n'avait pas changé d'un âge à l'autre. Il était « le même hier, aujourd'hui et pour toujours » comme le proclamait le Nouveau Testament. Non point « mort » comme le laissait entendre la philosophie moderne, mais éternellement présent au milieu de nous. Je terminai mon développement en affirmant fortement que nous, les hommes, nous nous étions séparés de l'amour de Dieu par la violence et la haine des uns à l'égard des autres.

Une semaine plus tard, le papier me fut retourné avec une note très basse marquée à l'encre rouge au sommet de la première page. Au-dessous, le professeur avait griffonné des commentaires rageurs qui débutaient ainsi : « manque de logique ! ». Dans sa cinglante critique, il souligna que le raisonnement n'était pas acceptable. J'aurais dû commencer par le problème de l'homme, le primate, perdu dans une interminable recherche de « l'idée de Dieu ». Pour ce pauvre professeur, Dieu était absent et les hommes désespérément aliénés. Malheureusement, il n'était pas seul de son espèce dans le corps professoral du séminaire.

Cet après-midi-là, Faraj et moi, nous nous promenions sur les quais de la Seine. Après cette mésaventure, j'éprouvai le besoin de prendre l'air, hors du séminaire. Nous commençâmes par visiter la cathédrale Notre-Dame, à la recherche d'un coin tranquille. Mais aujourd'hui, la beauté de l'architecture qui, d'habitude me plaisait tant, me perturbait. Je regardais les magnifiques rosaces, enflammées par le couchant, mais je ne pensais qu'à la petite église de Biram que nous avions aussi baptisée Notre-Dame. Elle avait nourri mon esprit, et, maintenant, elle n'était que ruines.

En quittant la cathédrale, nous vîmes un artiste de trottoir. Il peignait sa toile d'une teinte bleu-vert. Il essayait de reproduire les reflets mouvants du fleuve. Faraj me ramena à mes ennuis.

— J'ai trouvé ton papier excellent, Élias, dit-il, pour me consoler. Il a été trop brutal. Je ne comprends pas.

— Il y a autre chose, moi, que je ne comprends pas. Les gens possèdent tant de choses ici : belles maisons, voitures, vêtements, et si peu de foi ! Les églises, tant protestantes que catholiques, sont presque vides. Qu'est-il arrivé ici ?

Faraj approuva de la tête.

— Les Occidentaux semblent tellement accaparés par les biens matériels ! Ils ont besoin de s'entourer de confort comme si leurs esprits étaient vides.

Il s'arrêta et s'appuya contre une rambarde au bord du fleuve.

— Cela me fait mal de le dire, mais cette mentalité semble aussi avoir grangrené l'Église. Le vrai problème, ajouta-t-il après un moment de silence, est que la théologie occidentale place l'homme au centre du monde. Elle tente de faire entrer Dieu dans des schémas adaptés à nos cerveaux, ce qui permet de le mettre en équation. Élias, dès le plus jeune âge, on nous a appris à croire que Dieu est le commencement et la fin de toutes choses. Il est l'axe central, et non un accessoire ! Il est vivant. Il a ses propres voies. Ici, on cherche à apprivoiser Dieu avec de la philosophie.

— Pire que cela, répliquai-je, j'ai peur que les philosophies de l'Ouest aient tué Dieu. Quelle valeur ont les hommes, si on ne Le respecte pas ? Sans Dieu, il n'y a ni compassion ni humanité.

Traversant un pont en direction du boulevard Saint-Germain et du séminaire, j'exprimai à haute voix les doutes qui m'avaient harcelé durant des semaines :

— Pourquoi étudions-nous ici ? A quoi le séminaire nous prépare-t-il réellement ?

Faraj me corrigea promptement.

— Nous sommes ici pour apprendre à servir notre Église. N'oublie pas cela !

Nous marchâmes tranquillement. Sans presque nous en apercevoir, ses mots avaient creusé un léger fossé, une première petite séparation. Tout en persévérant sur la voie de l'ordination, j'avais emprunté un chemin plus risqué que ni lui ni moi ne pouvions deviner.

A mes yeux, la venue en Europe dans les années 60 de deux jeunes gens dont le rêve était de fuir le monde, de vivre dans la paix et la simplicité, était une ironie. La culture occidentale était en train de subir de vastes bouleversements. La vie n'y paraissait qu'être une succession de questions confuses.

Politiquement l'Europe constituait la zone redoutée et redoutable de la Guerre froide. Les nations supposées chrétiennes justifiaient la violence en fonction du résultat final. N'importe quel moyen pouvait être employé aux dépens de l'humanité tout entière s'il s'agissait de faire triompher la « démocratie ». Tandis que le monde traversait la Guerre froide et s'engageait dans un processus qui le menait plus loin encore, combien de dirigeants furent déposés ou tués avec l'appui secret des démocraties occidentales ? Combien d'innocents furent torturés ou brûlés au napalm par les forces « de paix » des nations puissantes ? Les sionistes avaient-ils été contaminés par l'Ouest ? Étouffaient-ils les voix très anciennes de leurs prophètes ? Et l'Église elle, restait silencieuse. Ceux qui craignaient de perdre un pouvoir longtemps détenu, résistaient à ceux qui cherchaient à lui faire toucher de près les problèmes du XXe siècle.

Il n'est guère étonnant que ma tête ait été enveloppée de brouillard. Ma dignité personnelle était à son plus bas niveau, le monde entier était terrorisé par la « bombe » et l'Église à laquelle je m'apprêtais à consacrer ma vie, subissait des bouleversements. Tandis que l'humanité s'aveuglait sur notre situation au Moyen-Orient, je comprenais — ô combien ! — la violence des *fedayins* palestiniens.

En 1962, un curieux événement devait marquer définitivement la suite de mon existence.

Je voyageais par le train pour rendre visite à de nouveaux amis, en Allemagne fédérale. Glissant parmi les collines de l'est de la France, le train longeait quelques vignobles anciens et succulents qui ramenaient mes pensées au souvenir de la terre, autrefois la nôtre en Israël.

Un contrôleur parcourut nonchalamment le couloir central, balancé par le mouvement du train.

— La frontière ouest-allemande dans cinq minutes, annonça-t-il. Préparez vos passeports, s'il vous plaît !

Les événements récents et les nouvelles tragiques s'entremêlaient dans mon esprit, tandis que je plongeais ma main dans mon sac de voyage pour en sortir mes papiers d'identité.

Plusieurs mois auparavant, j'avais reçu une lettre d'Israël. Suivant mon impatience coutumière, je m'y étais avidemment plongé. Pourtant, loin d'être porteuse de nouvelles agréables et distrayantes, ce qu'elle m'apprit me fendit le cœur. Mon frère Chacour était mort. Marié pendant mon séjour à Haïfa, Chacour avait durement travaillé sur un chantier sur le mont Carmel, lorsqu'il fut frappé d'une sorte d'apoplexie. Pendant quarante jours, il avait lutté contre la mort sur un lit d'hôpital, avant que son cœur ne cède d'épuisement. Il laissait une jeune femme et huit enfants.

Je ressentis d'autant plus brutalement cette tragique nouvelle que je n'avais pas le premier sou pour rentrer apporter quelque réconfort à son épouse. On m'octroya cependant quelques jours de liberté pour me permettre de retrouver la sérénité au cours d'une retraite. Assis sur un banc, noyé dans l'obscurité de mes pensées intimes, j'aperçus un magnifique petit enfant blond aux yeux couleur de ciel qui passait en trottinant, il me fit un large sourire. Nous fûmes immédiatement amis, peut-être parce que les rudiments de langue allemande que j'avais récemment appris étaient aussi enfantins que son propre vocabulaire. Avant même de savoir qu'il s'appelait Wolfgang, je le sentis grimper sur mes genoux en poussant des petits rires bêtes. Bientôt, moi aussi, je me pris au jeu.

Lorsque ses parents le découvrirent là, un courant de sympathie immédiat s'établit entre nous. Franz et Lony Gruber formaient un couple merveilleux, affectueux. Il partagea tout de suite ma peine lorsque je lui racontai la mort de Chacour, et nous eûmes l'incroyable sentiment d'appartenir à la même famille. Généreusement, ils insistèrent pour que je vienne leur faire une visite en Allemagne de l'Ouest. Ce voyage devait être le premier d'une longue série qui allait lier nos destins.

Le sifflement et le crissement des freins me ramena au présent. Nous étions stationnés sur une voie de garage dans une petite ville frontière aussi jolie qu'une carte postale. Une mairie aux murs blancs et à l'horloge précise s'élevait sur un fond de montagnes bleues et enneigées. Je pouvais voir sur le quai les fonctionnaires en uniformes sombres se hâter vers nos wagons afin d'examiner les passeports que le préposé nous avait pris.

C'est alors que j'eus une incroyable impression. J'eus l'impression fulgurante de traverser l'Allemagne de 1937, vingt-cinq ans plus tôt. Armes à l'épaule, casqués et bottés, des hommes arboraient des *swastikas* rouges et noires du Troisième Reich sur leurs uniformes de laine. Ils patrouillaient sur les quais et contrôlaient nos papiers. Que cherchaient-ils ? De temps à autre, ils extrayaient un passeport de la pile et ordonnaient à son titulaire, un Juif, de descendre du train. Et moi ? allaient-ils m'interpeller à cause de mon passeport israélien ? Hommes et femmes sortaient avec hésitation de leurs wagons, et, après quelques étreintes aux petits enfants, ils se serraient peureusement les uns contre les autres. On les emmenait vers d'autres destinations, dont ils ne reviendraient jamais.

La sueur dégoulina le long de ma tempe. Je chassai cette image de mon esprit. Mon cœur battait vite. On me rendit mon passeport et le voyage se poursuivit à travers l'Allemagne fédérale. Mais ce cauchemar restait gravé en moi comme au fer rouge.

Lony et Franz m'accueillirent à la gare, souriant gaiement, fous de joie de me voir. Et moi de les retrouver. Nous devions, en effet, former une vraie famille avant mon départ d'Europe. Mais tout au long de la visite, l'étrange vision me poursuivit.

Pour la première fois, l'obscur sentiment qui agitait mes entrailles était contrebalancé — voire même dépassé — par la souffrance due à la compassion, comme si une main apaisante réussissait enfin à dompter un fauve tapi au fond de moi. Je souffrais pour le peuple juif. Pourquoi le monde civilisé avait-il permis qu'on les persécute ?

D'autres questions me troublaient. Pourquoi le monde avait-il permis que mon peuple soit dispersé quelques années seulement après l'Holocauste ? Les Juifs ne pouvaient ignorer les horreurs du militarisme. Pourquoi avaient-ils utilisé une telle violence contre nous ? Comment l'esprit des nations avait-il été empoisonné au point de considérer les Palestiniens comme des fainéants, des bons à rien, uniquement capables de violence ?

Ces questions guidaient mes pas. Bientôt, je frémirai en découvrant la trahison qui entraînait mon peuple au désastre, en découvrant les jeux des pouvoirs politiques qui plongeaient le Moyen-Orient dans une chaudière en ébullition.

8

GERMES D'ESPOIR

Pendant mon retour à Paris, le mystère qui m'avait saisi au cours de mon voyage en Allemagne fédérale, ne cessait de me hanter : quelle était la véritable histoire de la Palestine ? Plus que jamais, j'étais conscient que les Occidentaux avaient une vision partielle du problème. Le peuple juif, victime d'une épouvantable persécution, avait besoin d'un havre, d'une patrie. Leurs dirigeants sionistes avaient opté pour la terre « inhabitée » de Palestine. Les nations arabes limitrophes, naturellement supposées hostiles et jalouses des colons juifs qui avaient transformé un terrain vague en paradis, s'étaient dressées, sans raison, contre les Juifs et les obligeaient à faire, en 1948, une vaillante guerre d'indépendance.

Or, j'avais vécu ces années-là en Palestine. Je savais que cette interprétation n'était ni complète ni vraiment correcte. Témoin d'une affreuse ironie de l'histoire qui avait fait des persécutés les persécuteurs, j'avais vu, en tant que victime, la face cruelle du sionisme.

Désormais, j'étais décidé à découvrir comment un mouvement pacifique, né d'une cause juste, l'arrêt des persécutions contre le peuple juif, était devenu une force de destruction et d'oppression.

A cette détermination, s'ajoutait le respect de l'histoire que Père m'avait inculqué. Les germes de notre espoir étaient-ils enfouis dans notre passé, comme il l'avait dit si souvent ?

Parallèlement à mes études au séminaire, je me mis à passer des heures dans les bibliothèques parisiennes, à la recherche de livres et de coupures de presse relatifs à la véritable histoire du sionisme et au désastre palestinien. Malgré l'absence d'ouvrages exhaustifs et d'articles de synthèse (il ne fallait pas en attendre la publication avant plusieurs années), je réussis à collationner une documentation étonnante.

J'appris qu'une conférence s'était tenue en 1897 à Bâle, en Suisse, pour « poser la première pierre d'un foyer destiné à abriter la nation juive ». Écrivain connu et fondateur en Europe d'un nouveau mouvement politique baptisé « sionisme », destiné à porter secours aux Juifs opprimés, appauvris et humiliés dans les ghettos des grandes cités, Theodor Herzl en était le maître d'œuvre et le responsable. A la fin de la conférence, les délégués s'étaient mis d'accord sur deux points : un drapeau et un hymne national, symboles de leur unité et de leur cause. Au-delà de la pompe et de la ferveur émotionnelle, les participants étaient divisés au sujet de leur implantation géographique proposée par les dirigeants : la Palestine.

Beaucoup d'entre eux contestèrent immédiatement la thèse de Herzl. Selon lui, la Palestine était « une terre sans peuple qui attendait un peuple sans terre ». Bien que Herzl ait pris en considération d'autres possibilités : en Argentine, en Ouganda, le Moyen-Orient était la solution qui avait sa faveur et c'était à elle que beaucoup de délégués s'opposèrent énergiquement dès le début. Au nom de quel droit les sionistes pensaient-ils créer un état en Palestine ? Ce pays avait des frontières reconnues et, ce qui importait plus encore, il était depuis longtemps habité par un peuple à la culture ancienne et respectable. Avec une sorte de prémonition sinistre, ils déclaraient qu'il fallait abandonner toute idée d'un foyer national en Palestine, sauf à l'y établir par la force.

Les Juifs dévots, membres ou non du mouvement, particulièrement les orthodoxes, soutenaient ardemment que le sionisme était un blasphème, parce qu'une minorité de leurs frères de race non religieux prétendaient que ce mouvement serait le seul Messie d'Israël, pour tous les temps. Ce discours exaspérait les croyants, d'autant plus que des signes avant-coureurs du militarisme se manifestaient déjà sur les ailes du mouvement. D'autres, moins religieux et plus pragmatiques, craignaient que le sionisme ne nourrisse l'antisémitisme parce qu'il mettait en évidence « l'exclusivisme », depuis si longtemps critiqué, du peuple juif. Pour eux, il était très clair qu'aucune terre ne pourrait être « réoccupée » sans violence. Aussi, pour apaiser les consciences religieuses, les dirigeants sionistes adoptèrent les principes de non-violence incarnés dans la *Havlaga* juive. Cette mesure facilita le ralliement des masses, de ces millions d'hommes qui attendaient désespérément d'échapper aux pogroms de plus en plus violents dont ils étaient victimes en Europe. Malgré tout, les chefs ne cessèrent de tourner leurs regards vers la Palestine. Herzl qui ne devait guère survivre à ce siècle, eut des successeurs qui reprirent ses plans.

En Palestine, mon peuple se trouvait lui-même sous une coupe trop étroite pour prêter grande attention à cette conférence de Bâle, même s'il l'avait remarquée. En effet, au début des années 1900, les nôtres aussi étaient opprimés : ils bataillaient et priaient pour notre libération. Depuis des siècles, nous avions souffert sous la poigne de fer de l'Empire ottoman qui commença à se lézarder quand la Grande Guerre s'étendit au Moyen-Orient.

Le peuple palestinien huma les premières brises de la liberté, lorsque le régime ottoman s'écroula à la fin de la guerre. En proposant un plan destiné à aider « les nations soumises », la Société des Nations porta ses espoirs plus haut encore : les pays, plus grands et plus puissants, devaient aider les plus faibles à établir leurs propres gouvernements. Ce fut la politique du mandat.

Les Britanniques, qui désiraient mettre un pied au Moyen-Orient, trouvèrent là une occasion inespérée. Ils firent en secret une proposition aux dirigeants palestiniens : Londres aiderait à expulser les Turcs et, en contrepartie de l'établissement d'un mandat temporaire assorti d'une promesse de retrait progressif, ferait du pays un État indépendant, gouverné par les Palestiniens eux-mêmes. La liberté était en vue, du moins le supposaient-ils, et l'on prêtait peu d'attention aux minuscules communautés agricoles juives qui fleurissaient partout d'une manière apparemment désordonnée.

Ce que j'appris ensuite au cours de mes lectures me navra. La loi britannique une fois instaurée, l'histoire se perdit en intrigues politiques et en doubles jeux.

Sans tarder, les Anglais s'abouchèrent secrètement avec les Français et les Russes pour diviser le Moyen-Orient en « zones d'influence » : la Palestine serait gouvernée, non par le peuple palestinien comme promis, mais par une administration internationale. L'accord secret fut dévoilé en 1917, lorsque les bolcheviques abattirent le régime tsariste et n'hésitèrent pas à rendre publique une telle duplicité « impérialiste ». Lorsqu'ils l'apprirent, les dirigeants palestiniens furent consternés. Ils envoyèrent immédiatement des délégués pour protester auprès des Britanniques. Ils choisirent la voie diplomatique tandis qu'un groupe de pression minoritaire, qui lorgnait la Palestine, avait déjà commencé son travail de sape auprès des fonctionnaires de Sa Majesté.

Aux yeux du peuple palestinien, l'année 1917 sera pour toujours marquée d'un sceau d'infamie. Les sionistes avaient fait alliance avec le mouvement anglais des « chrétiens restaurationistes » qui croyait pouvoir accélérer le Second Avènement du Christ, en manipulant dans les coulisses les événements mondiaux et en rétablissant la nation d'Israël. Ils virent, dans la nouvelle mainmise britannique sur la Palestine, la clé secrète de leur pénétration au Proche-Orient. Ainsi débuta l'étrange mariage des sionistes et des restaurationistes. De plus, c'est en 1917 que Lord Arthur Balfour fit sa fameuse déclaration, non en public mais en privé et dans une lettre destinée au puissant Lord Rothschild.

Il y déclara que le Cabinet « voyait favorablement l'établissement d'un foyer national juif » en Palestine. Dans le même courrier, il réduisait le peuple de Palestine, soit 92 % de la population, au rang de « communautés non juives »[1]. Non seulement il renia sa promesse de donner l'indépendance à notre peuple, mais il offrit encore pour de bon la Palestine aux sionistes. Le plus grand inspirateur de la décision de Londres fut le dirigeant juif Chaim Weizmann.

Je n'arrivais pas à comprendre si Lord Balfour agissait en raison de ses propres convictions religieuses ou par amour du peuple juif, comme le sous-entendirent certains historiens. En 1906, il avait joué un rôle déterminant en faisant voter la Loi sur les étrangers, qui visait expressément à expulser les Juifs de Grande-Bretagne. Il ne paraissait pourtant pas oublier la politique de trahison dans laquelle il était englué. En 1919, il déclara dans un *memorandum* au Cabinet britannique :

En Palestine, nous ne proposons même pas de passer par la consultation solennelle des vœux des habitants actuels du pays. En ce qui

---

1. Dimbleby p. 35.

concerne cette région, nous n'avons fait aucun compte-rendu qui ne soit reconnu comme faux et aucune déclaration politique que nous n'ayons l'intention de violer, au moins dans la lettre[2].

A mes yeux, il sembla que les sionistes avaient contracté un mariage impie, une alliance motivée par le pouvoir, l'utilité, et consommée dans la trahison.

Les chefs palestiniens furent aussitôt consternés. Pendant les seize ans qui suivirent, ils firent continuellement part de leurs craintes aux Anglais. Ils utilisèrent les canaux diplomatiques, ils ne cessèrent de supplier les délégations royales tandis que l'insécurité grandissait dans tout le pays. Soutenus par les fonds collectés par l'Agence juive, les sionistes installèrent rapidement des *kibboutzim* dans toute la Palestine d'une manière de plus en plus visible. Ils dessinaient ainsi lentement les grandes lignes du pays qu'ils entendaient s'approprier.

Au cours des années 20, l'immigration européenne en Palestine s'accrut dramatiquement et les dirigeants sionistes cachèrent de moins en moins leur intention. Weizmann déclara à un secrétaire d'État américain qu'il espérait « voir un jour la Palestine devenir aussi juive que l'Angleterre est anglaise »[3]. Peu après, un autre chef sioniste confia à des fonctionnaires britanniques : « Il ne peut exister qu'une seule patrie en Palestine, et cette patrie est juive ; il n'y aura pas d'égalité entre partenaires juifs et arabes, mais une prédominance juive dès que le nombre des ressortissants de cette race aura suffisamment grandi. »[4]

De plus en plus nombreux furent les sionistes eux-mêmes qui se sentirent mal à l'aise avec ceux qui insistaient sur la « prédominance » juive en Palestine. Un agriculteur nommé Yitzhak Epstein avait prévenu le Congrès international du parti sioniste que toutes les puissances politiques de Palestine avaient été consultées, sauf les Palestiniens eux-mêmes. Craignant que les terres déjà perdues par les paysans palestiniens du fait des acquisitions sionistes n'engendrent un vif ressentiment, il fit valoir que les immigrants juifs, d'un niveau de vie plus élevé, se devaient d'aider les Palestiniens à trouver leur propre identité, de leur ouvrir les hôpitaux, les

2. *Ibid.*
3. Chaim Weizmann, *Trial and Error*, Londres, 1950, p. 115.
4. Yehoshua Porath, *The Emergence of the Palestine-Arab National Movement 1918-1929*, Londres, Frank Cass, 1974, pp. 56-57.

écoles et les salles de lecture qui venaient d'être créés ou qui étaient en projet. Dès l'ouverture d'établissements scolaires supérieurs, les Juifs pourraient renforcer leurs vieux liens fraternels avec les nations arabes voisines en permettant l'accès de ces écoles à leurs étudiants.

Malheureusement, Epstein fut violemment combattu. Ses détracteurs hurlèrent : « Donner, toujours donner ! Aux uns notre corps ; aux autres, notre âme, et encore à d'autres, le reste de notre espoir de vivre comme un peuple libre dans sa patrie historique ! »[5].

Bien que la vision d'Epstein au sujet de l'unité des Juifs et des Arabes ait été négligée par la majeure partie des sionistes, certains parmi eux allaient reprendre son combat jusqu'à ce que le sionisme lui-même éclate en factions. A la fin des années 20, un groupe dénommé *Brit Shalom* se sépara du parti, en faisant valoir son désaccord avec la tactique qui consistait à spolier les Palestiniens pour créer une patrie juive. Je fixai dans mon esprit ces détails essentiels, ces indices historiques, ils ne pouvaient être oubliés ! Tous les Juifs ne haïssaient pas les Palestiniens. Beaucoup même reconnaissaient notre fraternité. Ils étaient venus en Palestine, les bras tendus en signe d'amitié. Dans les années 60 y en avaient-ils qui voulaient la réconciliation et non la guerre ? D'une façon ou d'une autre, ce fait était-il un germe d'espoir ?

Au cours des années 30, tandis que le flux des colons européens montait irrésistiblement, que les Britanniques s'abstenaient d'intervenir et que la volonté planifiée de chasser les Palestiniens prédominait, comment devaient agir nos dirigeants ? Diplomatiquement, ils auraient pu être muets. Personne n'écoutait. En 1935, dans les villes portuaires comme Jaffa, des manifestations contre l'immigration dégénérèrent en émeutes sanglantes au cours desquelles moururent des immigrants juifs aussi bien que des paysans palestiniens.

Lisant le récit de ces manifestations replacées dans leur contexte historique, je fus de nouveau bouleversé par la frustration que supportaient les dirigeants palestiniens. Comme chrétien, je ne pouvais excuser la violence sanglante, mais, ce fut pour moi une évidence, elle avait crû sans cesse pendant les vingts années qui

5. Walter Lacqueur, *A History of Zionism*, New York, Schocken Books, 1976, pp. 215-217.

avaient précédé l'explosion. Ces émeutes n'étaient que l'ultime expression de notre désespoir.

En 1936, les dirigeants palestiniens tentèrent encore une fois, par une grève générale, de manifester pacifiquement. Dans toute la Palestine, les fonctionnaires et les ouvriers, les chauffeurs de taxis et de camions, quittèrent pendant six mois leurs postes de travail. Ils paralysèrent ainsi l'économie. La violence, qui avait fait son apparition au cours du conflit, s'accrut encore. Créé par les sionistes et dirigé par David Ben Gourion, le puissant syndicat *Histraduth* terrorisa les commerçants juifs et les propriétaires d'usines qui osèrent employer des Palestiniens. Ici et là, des femmes juives furent attaquées sur les marchés parce qu'elles s'approvisionnaient chez des Palestiniens. Des champs et des vignobles furent saccagés ; des vergers furent gardés pour écarter presque tous les travailleurs juifs. A la fin de 1938, les émeutes furent finalement écrasées.

A cette époque, les sionistes bénéficiaient d'une irrésistible vague de sympathie dans le monde entier. A cela, deux raisons principales. Premièrement, les nations occidentales, préoccupées par la peur grandissante de l'Allemagne nazie, se sentaient peu concernées par les événements du Moyen-Orient. Deuxièmement, elles étaient consternées par la haine propagée par Adolf Hitler à l'encontre du peuple juif. Celui-ci, bien sûr, avait besoin d'un refuge pour échapper à la folie de ce tyran.

L'inquiétude des consciences occidentales ne se traduisit pas par des actes. Pendant toute la décennie des années 30, alors que les pogroms hitlériens ne firent que croître, aucune grande nation de l'Ouest n'augmenta son quota d'immigrants juifs. Le petit bout de terre de Palestine devait-il donc accueillir les millions de Juifs européens ? Les Palestiniens devaient-ils abandonner leurs terres tandis que les grandes nations de l'Ouest demeuraient confortablement silencieuses ?

A mes yeux, il ne fallait pas attribuer notre tragédie à ces masses d'immigrants juifs terrorisés. Hébétés par la peur, ils cherchaient pathétiquement à échapper aux abominables camps de la mort. Ils étaient alors comme des pions dans les mains des dirigeants sionistes. Dès leur arrivée en Palestine, on les endoctrina, on les mit en garde contre leurs prétendus nouveaux ennemis : les Palestiniens.

La propagande ! Voilà le second bastion du pouvoir sioniste. Progressivement, ils prirent le contrôle de toutes les informations de Palestine. Les langues de nos dirigeants, effectivement « coupées », il fut aisé de manipuler, par voie de presse, l'opinion occidentale, et d'occulter les vraies nouvelles. On appela « Rébellion arabe », les émeutes des années 1936-38. Les Palestiniens qui, dans tout autre pays envahi par une puissance étrangère, auraient été appelés « combattants de la liberté », devinrent des « terroristes », des « guérilleros ». Ainsi, l'expression largement utilisée de « terroristes palestiniens » se fixa dans l'esprit des Occidentaux.

La preuve de la mainmise sioniste sur la Palestine surgit en 1939. Souffrant de remords tardifs, l'Angleterre publia son « Livre blanc ». Elle recommandait à ses fonctionnaires en Palestine de mettre un terme à la poursuite de l'immigration et à tous nouveaux achats de terres. Les sionistes crièrent tout de suite à la trahison. Malheureusement pour eux, les Britanniques avaient efficacement entraîné un solide réseau de combattants clandestins — la *Haganah* — à des formes de violences particulières, qui se retournaient désormais contre leurs propres soldats et fonctionnaires en Palestine. Le général anglais Wingate avait appris à la *Haganah* le maniement de grosses charges d'explosifs et la manière de « confesser » les combattants palestiniens en leur enfonçant des poignées de sable dans la gorge. Ces mêmes Britanniques devaient-ils être surpris lorsque l'*Irgoun* fit sauter l'hôtel du Roi David, tuant presque cent personnes ?

La Seconde Guerre mondiale imposa une accalmie en Palestine. Mais les dirigeants sionistes ne doutèrent jamais de l'issue de la lutte.

Après la guerre, ils dérivèrent les pressions qu'ils exerçaient sur Downing Street vers la Maison-Blanche. Les Britanniques, qui étaient peu désireux d'imposer un État juif en Palestine, avaient été sévèrement affaiblis. Il était difficile et coûteux de continuer à gouverner la Palestine. De plus, les sionistes avaient pris le contrôle presque total des usines de munitions et des industries. Enfin, les États-Unis apparaissaient comme les nouveaux maîtres de la destinée du monde libre. Un puissant groupe de comploteurs sionistes fit son apparition en Amérique. Ce qui se passa alors, dans les salles de conférences hermétiquement fermées de la Maison-Blanche, ne fut pas moins scandaleux que la trahison britannique.

Peu désireux de voir les Palestiniens chassés de leur patrie, le président Roosevelt avait résisté aux pressions sionistes tout au long de son mandat présidentiel. Il éprouvait aussi une immense compassion pour le demi-million de survivants juifs que l'on s'attendait à voir surgir de l'holocauste. Il avait un projet magnifiquement humanitaire. Son intention était d'ouvrir les portes du monde libre à ces misérables victimes, de leur offrir le voyage vers n'importe quel pays qui accepterait de faire cet effort. Son émissaire Morris Ernst, envoyé pour sonder l'opinion internationale, se déclara choqué d'être « décrié, raillé et attaqué » comme un traître par les sionistes qui avaient déjà ramassé 46 millions de dollars pour promouvoir secrètement leur propre plan[6].

Lorsque Truman parvint à la magistrature suprême à la mort prématurée de Roosevelt, les intrigants eurent une nouvelle occasion de faire pression sur le président nouvellement élu. Ils soutinrent avec véhémence que l'implantation en Palestine était « le seul espoir de survie » pour le peuple hébreu. Comment cela pouvait-il être vrai puisque des millions de Juifs avaient été accueillis et protégés par les nations libres pendant la guerre ? puisque les Juifs disséminés dans le monde libre se sentaient très à l'aise dans ces sociétés et jouissaient, sans discrimination, de niveaux de vie élevés dans les pays occidentaux ? Lorsque Truman fut interrogé par des dirigeants arabes, le lobby sioniste avait déjà efficacement travaillé. Le président répondit : « Je regrette, messieurs, mais je dois tenir compte des centaines de milliers de personnes, inquiètes de l'avenir du sionisme. Je n'ai pas des centaines de milliers d'Arabes parmi mes électeurs. »[7]

Ainsi, la grande majorité des victimes de l'Holocauste n'eut jamais à choisir le pays où elle désirait vivre. Au cours des trois années qui suivirent la guerre, seulement 20 000 Juifs furent admis dans les grands pays libres comme les États-Unis. Les Britanniques, épuisés, durent s'incliner devant le plus puissant bureau du monde, la Maison-Blanche, à l'heure même où ils voyaient leur mandat en Palestine secoué par une campagne de terreur. Ils voyaient utilisés contre eux les fusils, les grenades, les bombes et les chars entièrement fabriqués dans les usines qu'ils avaient eux-mêmes construites.

En avril 1947, las de la guerre et peu désireux de perdre davan-

---

6. Morris Ernst, *So Far So Good*, New York, Harper & Bros., 1948, pp. 170-177.
7. William A. Eddy, *F.D.R. Meets Ibn Saud*, New York, American Friends of the Middle East, 1954, pp. 36-37.

tage de jeunes gens pour défendre la Palestine contre le terrorisme sioniste, ils annoncèrent leur intention d'abandonner leur mandat l'année suivante. Battus et humiliés, ils ne trouvèrent la solution aux doubles- jeux manigancés trente ans plus tôt que dans l'évacuation du pays.

La violence aveugle se déchaîna au moment où les Anglais se lavèrent les mains du sort des populations palestiniennes qu'ils avaient promis de protéger. Les sionistes clamèrent à la face du monde qu'ils menaient une « guerre d'indépendance ». Le monde, culpabilisé par l'Holocauste, applaudit. Ainsi la terreur gagna tous les villages, même les collines les plus reculées de Galilée, et ma propre maison de Biram.

La violence ne s'arrêta pas là. Dans les années qui suivirent la proclamation de l'État d'Israël, le gouvernement eut besoin d'un apport massif de colons. Les Juifs des États-Unis étaient confortablement installés et, cependant ils soutenaient que l'État d'Israël était le seul espoir de survie pour le peuple. Les grandes communautés juives des autres pays ne montraient aucun empressement à se précipiter en masse vers la « Terre promise ». Alors, on prit des moyens suspects. J'appris bien plus tard que la communauté juive d'Irak, par exemple, devint subitement la victime d'une violence antisémite d'origine étrange.

Le dernier soir des fêtes pascales, en avril 1950, quelque 50 000 Juifs, suivant une vieille tradition, se promenaient agréablement le long du Tigre, à Bagdad. (Plus de 130 000 Juifs vivaient en Irak. C'était la communauté juive la plus ancienne du monde. Peu d'entre eux avaient émigré en Israël, malgré les propositions qui leur avaient été faites.) Une voiture surgit de l'obscurité à tout allure le long de l'avenue qui bordait le fleuve et une petite bombe explosa sur le trottoir.

Il n'y eut pas de blessé, mais une vague de peur secoua la communauté. Des rumeurs d'origine incertaine se répandirent : un groupe d'Arabes fanatiques préparaient un pogrom. Cela parut à beaucoup peu plausible : les Juifs avaient longtemps vécu en paix en Irak. Des tracts, le lendemain même, circulèrent mystérieusement : ils pressaient les Juifs de s'enfuir vers Israël. 10 000 se préparèrent immédiatement à émigrer. D'où provenaient les tracts ? Comment avaient-ils été distribués si rapidement ?

L'affaire était déjà oubliée quand une deuxième bombe éclata, puis une troisième, tuant plusieurs personnes à la sortie d'une synagogue. Les rumeurs se répandirent comme une trainée de poudre. Au début de 1951, les Juifs s'enfuirent d'Irak dans la panique. Ils abandonnèrent leurs maisons, leurs droits et un très ancien héritage. 5 000 seulement restèrent dans le pays.

Une quinzaine de personnes furent arrêtées. On apprit que la *Haganah* avait fait passer en fraude des armes en Irak et qu'elle avait lancé elle-même les bombes contre ses propres coreligionnaires. L'idée d'une émigration par la panique avait pleinement fonctionné. Le Premier ministre David Ben Gourion et Yigal Allon, appelé à devenir plus tard ministre des Affaires étrangères, étaient au courant. C'était leur manière à eux d'aider au « rassemblement » des Juifs, depuis longtemps prophétisé, même si la méthode était antibiblique.

Bien des années plus tard, le grand rabbin d'Irak, Sassoon Khedurri, dit à un journaliste la vérité sur le sionisme : non seulement les Juifs d'Irak avaient de la sympathie pour le peuple palestinien mais, eux aussi, avaient eu à souffrir des sionistes. Il s'exprima ainsi :

> Dès le milieu de l'année 1949, la grosse artillerie de la propagande sévissait déjà aux États-Unis. Les dollars américains allaient sauver les Juifs d'Irak. Peu importait si ceux-ci avaient besoin ou non d'être sauvés. Les « pogroms » étaient quotidiens dans les colonnes du *New York Times*. Peu de gens le remarquaient. C'était Tel-Aviv qui mettait les dates. Pourquoi ne venait-on pas nous voir, au lieu de négocier en Israël l'entrée des Juifs irakiens ? Pourquoi personne ne faisait remarquer que la communauté juive en Irak considérait ce pays comme son propre pays ?... Le gouvernement irakien était accusé de retenir des Juifs contre leur volonté... la campagne de presse menée parmi des Juifs s'amplifiait... Le gouvernement était harcelé... accusé de pogroms et d'actions violentes à l'encontre des Juifs... Si le gouvernement essayait de mettre un terme à l'agitation sioniste, il était, une fois encore, accusé de discrimination[8].

Ces faits troublants me faisaient entrevoir d'autres réponses. Je ne pouvais m'empêcher de considérer les sionistes comme des victimes. Victimes d'un mal pire que les camps de la mort. Ils étaient frappés d'une maladie de l'esprit. Comme si on avait lâché un

---

8. Elmer Berger, *Who Knows Better Must Say So*, Beyrouth, Institut d'études palestiniennes, p. 64. Cité dans David Hirst, *The Gun and the Olive Branch : The Roots of Violence in the Middle East*, New York, Harcourt, Brace, Jovanovich, 1977, pp. 162-163.

démon de la violence qui leur chuchotait sournoisement : « La puissance, c'est le droit ! Réalisez vos projets par tous les moyens, tous au nom de Dieu. » Tandis que l'Église trébuchait misérablement sur les philosophies modernes, ce démon aveuglait les nations. La paix ne peut jamais être gagnée par la violence ; la violence engendre la violence. Pour la première fois, je vis clairement le visage de mon véritable ennemi, l'ennemi de tous les amis de Dieu et de la paix. Cet ennemi, ce n'était pas le sionisme, mais le militarisme.

Au même moment, la pensée d'une telle trahison libéra une passion étouffée depuis si longtemps que je pouvais à peine l'admettre et encore beaucoup moins la nommer. Je grinçai des dents, je secouai la tête pour la chasser comme si c'était une araignée qui grimpait sur ma main.

Un problème plus urgent m'aida à faire taire ces sentiments, celui, épineux, de mon propre avenir. Nous étions au printemps 1965. La fin de mes années de séminaire approchait. J'étais sur le point d'atteindre le but pour lequel Faraj et moi étions venus à Paris. J'avais l'intention de servir Dieu et l'homme dans le calme et la simplicité, en dispensant les bienfaits de l'Église. Pendant un temps, j'avais même essayé d'étouffer ma nature vive et directe. Malgré la bonne volonté que j'avais mise à cultiver mon côté contemplatif, un feu sauvage semblait encore brûler en moi. J'avais l'impression d'avoir été sensibilisé à ces questions cruciales malgré les avertissements de Faraj qui m'avait parfois conseillé de ne pas me laisser distraire. Avais-je bifurqué sur une autre voie ou bien étais-je lentement, véritablement, en train de trouver le cap de ma vocation ? J'étais un peu découragé en prenant conscience de mon inaptitude à mener la vie du prêtre de paroisse à laquelle j'avais rêvé.

Un soir, m'en ouvrant à Faraj, j'espérai avoir immédiatement son plein accord. En cette fin d'avril, nous déambulions le long de l'élégante rue de Rivoli, bordée d'arbres bourgeonnants et de boutiques dont les enseignes de néon chassaient le crépuscule. Pendant près de quatorze ans, nous avions été comme des frères. Le charme de Faraj s'était au fur et à mesure transformé en une spiritualité sereine que j'admirais encore. Je souhaitai qu'il m'aide à démêler mes pensées conflictuelles.

— Si j'étais en train de dénoncer un système politique, lui dis-je, tandis que nous traversions une foule d'acheteurs qui s'amenuisait, dans ce cas, je ferais de la politique. Mais je crois qu'il s'agit de plus que cela, il s'agit d'un malaise spirituel. Il existe des alliances impies entre des nations qui parlent de Dieu alors que leurs vrais mobiles sont d'ordre purement militaires.

— Tu ne peux tout de même pas espérer changer ce qui est arrivé, répliqua Faraj.

— Mais si, je l'espère bien.

— Comment ? Tu ne jettes pas de bombes.

— Bien sûr que non, répondis-je aussitôt.

— Et alors quoi ? Je vais te dire une chose. Il faut patienter, Élias. Dieu agira à son heure. Nous devons tout accepter comme venant de sa main. Il est inutile d'essayer de renverser un gouvernement, même s'il est répressif.

Je dévisageai Faraj. Un instant, je vis le visage de Père et celui de tous les anciens du village de Biram. Là, surgissait la vieille question qui m'avait depuis si longtemps troublé : un chrétien devait-il répondre aux attaques de l'ennemi ou le laisser l'écraser ? Tant de gens pensaient qu'accepter l'humiliation était la seule réponse chrétienne. Ne fallait-il pas être quelquefois cinglant, violent ?

Faraj garda le silence. Nous avions atteint la place de la Concorde où des milliers de Français, y compris des religieux, avaient été guillotinés pour s'être élevés contre les « combattants de la liberté » de la France révolutionnaire. Puis, mon ami parla avec fermeté.

— Nous devons servir l'Église dans la paix, dit-il.

A cet instant, je compris que tous les hommes ne sont pas appelés à la même tâche. Faraj et moi, nous devions être ordonnés tous les deux, mais chacun avec une vocation différente. Faraj en était venu à attacher beaucoup d'importance aux œuvres de l'Église pour les pauvres et les affamés. C'était pour eux qu'il espérait contribuer à la réforme de l'Église. Moi, je devrais trouver ma propre vocation par un chemin plus solitaire qui m'éloignerait de mon plus proche ami. Pendant ces six ans passés à Paris, nos chemins s'étaient écartés.

Une porte semblait s'ouvrir toute grande devant moi pour une destination dont je n'étais pas sûr. Mais j'étais, sans aucun doute, invité à en franchir le seuil.

Le père Longère, qui avait été mon conseiller fit vibrer en moi une note, comme une voix surgie de l'éternité. C'était les derniers jours de printemps que nous passâmes à Saint-Sulpice. J'avais appris à apprécier sa sagesse, sa manière remarquable de nous provoquer, de nous aiguillonner vers des pensées plus profondes sur tous les sujets à propos desquels nous avions nos idées bien arrêtées. Pendant l'une de ses dernières conférences, j'étais suspendu à ses lèvres.

— S'il survient quelque part un problème, dit-il avec son petit rire sec, voici ce qui arrive. Trois personnes tentent de faire quelque chose de concret pour trouver la solution. Dix autres organisent une rencontre pour analyser ce que font les trois. Une centaine commentent ou condamnent les conclusions de la réunion. Un millier d'autres discutent du problème. Une personne, une seule, s'implique tellement dans la vraie solution qu'elle est trop occupée pour écouter qui que ce soit.

Maintenant, demanda-t-il doucement, en posant son regard pénétrant sur chacun de nous, de quelle catégorie faites-vous partie ?

Faraj et moi, nous fûmes bientôt occupés à nos projets de retour au pays. J'avais à peine le temps de me rendre encore une fois chez Lony, Franz et Wolfgang. Ils m'avaient écrit une lettre insistante et polie, ils me demandaient de ne pas quitter l'Europe sans leur faire une dernière visite.

Dès mon arrivée en Allemagne, ils me firent la surprise d'un « cadeau d'adieu » : c'était une *Volkswagen* blanche flambant neuf. Je restai sans voix devant une telle générosité. Vraiment, notre affection réciproque et mon amour pour leur magnifique enfant blond s'étaient approfondis, mais je ne m'attendais pas à une telle bonté.

A peine avais-je eu le temps d'apprendre à manier la voiture qu'il était temps de descendre par la route jusqu'à Gênes, en Italie, où m'attendait un paquebot qui devait nous emmener, ma voiture et moi, à Haïfa. Tout en filant vers la côte italienne, je ne savais combien de nuits je penserai à Lony, Franz et Wolfgang, ni combien je leur serai immensément reconnaissant pour ce véhicule.

Au moment où le paquebot larguait ses amarres, je contemplai, seul, la foule qui faisait des signes d'adieux. Faraj avait fait d'autres projets de voyage. Nous devions nous retrouver à Nazareth, en juillet, pour notre ordination.

Désormais, mes pensées se concentrèrent sur les retrouvailles avec ma famille et les effusions avec chacun d'entre eux. Je bouillais d'impatience.

Pendant un bref instant, je me surpris à éprouver un autre sentiment : l'Europe et le luxe de sa vie facile me manqueraient. Je l'admets, la pensée de rester à Paris ou en Allemagne m'a parfois tenté. Après avoir vécu dans un pays libre où j'avais, sans tracasseries, étudié, voyagé, mangé dans des cafés, je me sentais difficilement prêt à redevenir une personne dépourvue d'identité ou à affronter la sournoise maladie qui minait l'esprit et l'espoir de mon peuple.

9

VOUS ÊTES PALESTINIEN ?

Une mince volute d'encens monta vers les hautes voûtes de l'église Saint-Joseph. La cérémonie de notre ordination avait commencé. Lançant un coup d'œil à Faraj qui se tenait à mes côtés au premier rang du sanctuaire, je me demandai s'il était aussi ému que moi. Il semblait plus calme que jamais, malgré les gouttelettes de sueur qui perlaient sur son front.

De notre place, je pouvais voir que l'église était pleine. Dehors, le soleil méditerranéen dardait ses rayons brûlants. Un mois déjà s'était écoulé depuis notre retour, et le printemps avait cédé la place à un été torride. Pourtant, c'étaient les visages, des rangées et des rangées de visages, qui paraissaient nous donner chaud et nous faire transpirer sous nos cols, car le grand édifice de pierres était frais. Presque tous les parents et amis étaient venus à Nazareth pour la cérémonie, du moins ceux qui vivaient encore au pays. Père et Mère étaient assis devant, près du chœur, tandis que les frères et les étudiants du collège Saint-Joseph avaient rempli l'église jusqu'aux portes. Point culminant et consécration d'une dizaine d'années de préparation, l'ordination était pour nous un grand moment, malgré la simplicité du rite melkite. Même le père Longère était venu de Paris pour concélébrer avec nous.

En dépit d'un tremblement nerveux, je me sentais envahi par une autre sensation. De quelle nature ? Bien sûr, il m'avait fallu travailler dur, atteindre des rangs élevés et, en cours de route, apprendre huit langues étrangères, pour en arriver là. L'entraînement était maintenant achevé. Mais, au lieu d'éprouver le sentiment de réussite qui accompagne habituellement tout objectif atteint, une voix intérieure harcelante me chuchotait que je n'avais pas encore trouvé ma voie.

J'aurais dû être tout entier à la cérémonie. Cependant, depuis mon retour, certaines images aveuglantes me préoccupaient. Deux événements ne cessaient de hanter mon esprit.

Débarquant d'Europe, quelque peu impatient de voir ma famille, je faisais la queue à la douane du port d'Haïfa. Les portes de la salle d'attente extérieure s'ouvrirent un court instant et, dans la foule, j'aperçus Père et Mère. Bien qu'ayant maintenant entamé la soixantaine, ils me parurent plus grisonnants que je ne l'aurais cru. A ce moment, ils sourirent et me désignèrent à la tribu familiale : Wardi, mes frères et les familles qui s'étaient formées autour d'eux. Puis, la porte se referma brusquement.

Lorsque vint mon tour, je tendis mon passeport à l'agent des douanes. Il y jeta un coup d'œil et me regarda, les yeux sans expression aucune.

— Vous devez aller dans cette pièce, là-bas, dit-il, en me montrant une porte sans vitres.

— Excusez-moi, marmonnai-je. Mais pourquoi donc ? Mon passeport est en règle.

— Vous êtes Palestinien ?

— Oui. Mais ma famille attend. Pouvez-vous ?...

— Vous devez aller dans cette pièce. Je ne peux oblitérer votre passeport.

Je m'assis nerveusement dans le petit réduit, tandis qu'un jeune homme, d'aspect revêche, m'interrogea longuement. Pendant une demi-heure, il me demanda de lui établir la liste de tous les endroits que j'avais visités en Europe et de tous mes « contacts ». Manifestement, il n'appréciait pas que je rentre au pays en tant que séminariste. Au fur et à mesure de l'interrogatoire, je sentis grandir mon impatience et ma peur, mais je n'osai m'emporter.

Enfin, il me lança d'un ton impérieux :

— Déshabillez-vous !

— Plaît-il ?

— Déshabillez-vous, dit-il plus en colère. Enlevez tous vos vêtements. Il faut vous fouiller.

C'en fut trop.

— Non, dis-je fermement. Je ne me déshabillerai pas.

— Vous vous déshabillerez ou bien vous n'entrerez pas dans le pays.

Ma chemise était trempée de sueur. Il lui était tout à fait possible de mettre sa menace à exécution et de m'interdire le passage. Alors, avec tout le calme dont j'étais capable, j'entrepris de fouiller mon sac.

Il me jeta un coup d'œil soupçonneux.

— Qu'est-ce que vous faites ?

— Vous allez me refouler. Et moi je ne vais pas me déshabiller devant vous, répliquai-je. Je vais donc m'asseoir ici et lire.

Sur ces mots, j'ouvris mon livre de voyage à la première page.

Notre laborieuse empoignade verbale prit fin au bout de huit heures qui mirent nos nerfs à rude épreuve. Finalement, je ne me déshabillai pas et je fus autorisé à entrer dans ma patrie. Inquiète, soulagée et reconnaissante, ma famille se pressait à la porte du bâtiment des douanes. Elle m'apprit qu'il était dangereux pour tout Palestinien de voyager où que ce soit, même en taxi. A tous moments, les contrôles et les fouilles étaient possibles...

L'évêque psalmodiait encore, lorsqu'un autre souvenir me vint à l'esprit. La nuit tombait. Je m'étais rendu en voiture dans un petit village pour visiter un cousin originaire de Biram. Alors que j'étais sur le point de me garer dans la rue, il sortit précipitamment de chez lui pour m'en dissuader.

— Gare-toi dans la cour, tout près de la maison, dit-il anxieux. Il n'est pas recommandé de laisser une voiture dans la rue, ici.

La remarque m'intrigua. Qu'avais-je à craindre dans ce village si agréable ?

Tout s'éclaira lorsque je pénétrai chez lui. La plupart des jeunes Palestiniens étaient exclus des universités. La raison officielle, c'était qu'ils ne possédaient pas le niveau suffisant. Beaucoup d'écoles de villages étaient pauvres, rudimentaires, aussi, même les étudiants les plus brillants n'avaient d'autres perspectives professionnelles que le travail en usine. Quant aux filles, elles avaient encore moins d'espoir. Une telle frustration entraînait une lente dégradation morale, aggravée par l'abus de la drogue et de l'alcool, et par le vandalisme qui croissaient comme une épidémie. Ce fut la raison pour laquelle mon cousin m'avait instamment demandé de garer mon véhicule près de la maison. Notre jeunesse, trésor de notre société, ne pouvait faire face à une existence sans avenir.

Par la même occasion, j'appris également la recrudescence de petites bandes de *fedayin*, qui pénétraient clandestinement en Israël par les frontières libanaises, syriennes et jordaniennes et attaquaient les installations juives. Ils ne pouvaient évidemment se satisfaire des ghettos que représentaient les camps de réfugiés où ils gâchaient leurs vies. L'armée prenait des mesures plus draconiennes à l'encontre des villages palestiniens. Elle imposait, à l'improviste, des couvre-feux plus stricts. Il n'était plus sûr de se trouver dehors après la tombée de la nuit.

La voix retentissante de l'évêque prononça mon nom dans cette église sonore, je sursautai. Chacun à tour de rôle, Faraj et moi fûmes présentés à l'assistance puis félicités. Selon la tradition, l'évêque nous imposa les mains et pria pour que l'Esprit saint descende sur nous. Puis il nous demanda à nouveau de nous tourner vers les fidèles et proclama : « Il est digne... Il est digne... »

Dans les semaines qui suivirent, tandis que j'attendais ma première affectation, ce mot « dignité » me hantait. Je me réveillais la nuit en voyant les images de jeunes gens inoffensifs, capables, brillants, dont les vies semblaient gâchées. Des grenades explosaient. Des enfants juifs et palestiniens étaient déchiquetés. Me retournant rageusement dans mon lit, je contemplais ma propre image de séminariste frais et pimpant, tandis que le mot « dignité » retentissait à mes oreilles.

Alors, dans l'obscurité, je murmurais : « Comment ? Comment puis-je être digne ? » En moi, le douloureux écartèlement devait s'apaiser et les sentiments antagonistes se réconcilier dans mon cœur, avant que je puisse prétendre être un vrai serviteur de Dieu ou des hommes.

Comme l'aiguille d'une boussole irrésistiblement magnétisée, je ressentis le besoin de visiter la haute Galilée dans les jours qui suivirent mon ordination. J'avais appris que Biram avait été depuis longtemps abandonné par les soldats. N'y étant jamais retourné depuis le fameux jour de 1947, personne désormais ne m'interdisait l'accès du village, ma vraie demeure.

Un jour, je me levai très tôt, je quittai Nazareth avant l'aube. La *Volkswagen* ronronna sur le ruban plat de la route nationale qui s'étirait entre les vergers en direction du nord, puis obliqua sur les pistes de graviers et de poussière qui s'élevaient dans l'ombre verdoyante des collines. J'atteignis Biram au lever du soleil et me garai au bord du grand terrain découvert qui avait, jadis, été la place du village. Un panneau indicateur attira mon attention tandis que l'air frais de l'aube me saisit en sortant de ma voiture. Un texte en anglais et en hébreu indiquait que ces « antiquités » étaient « préservées et protégées » par le gouvernement.

L'ironie du texte m'ébranla. Plus tard, je sus que ces « antiquités » étaient devenues un haut lieu touristique pour visites guidées.

Traversant la place, à proximité des colonnes effondrées du temple romain et de la synagogue, je vis croître la lumière du jour dont la chaleur s'infiltrait doucement à travers les branches d'oliviers. Seuls le gazouillement des oiseaux et le crissement de mes pas sur le gravier troublèrent le silence. Tout autour de moi, les maisons étaient solennelles et fantomatiques. J'escaladai un mur effondré et pénétrai dans la carcasse faiblement éclairée de l'église. Dans le presbytère, les hirondelles utilisaient les poutres pour faire leurs nids. Et moi, je restai là, saisi, muet, submergé par un sentiment de désolation.

Cependant, au même instant, je ressentis une profonde impression de vie. Les rires, les voix des femmes et les conversations des hommes plongés dans les senteurs des tasses de café et des feux de bois, semblèrent monter des maisons en ruine. Dans l'église, sous le clocher chancelant auquel on avait volé le carillon, les voix des enfants chantaient de nouveau l' « Alléluia ». Même les bombes ne pouvaient vraiment détruire l'hommage à Dieu, à la vie et à la terre que nous avions rendu ici.

Je me dirigeai rapidement, par les rues envahies de végétation, vers l'extrémité du village, impatient de voir le seul endroit dont j'avais tant rêvé. A chaque pas, je remontai le fil des années : j'étais de nouveau un petit garçon qui se précipitait vers la maison à travers les figuiers, pressé de partager avec mes frères quelque nouvelle sensationnelle ou quelque bêtise.

Toutes les illusions que j'avais pu entretenir à propos des temps passés se brisèrent lorsque je franchis la clôture qui séparait le verger de la cour. Le verger faisait pitié. Il avait été abandonné ; il n'était plus entretenu, si ce n'est par le souffle errant de la volonté divine. La maison aussi était une ruine : le toit, la mansarde et un mur entier avaient été soufflés. Les mauvaises herbes y poussaient. Ne pouvant contempler plus longtemps ce spectacle, je m'en retournai, le cœur blessé.

Lorsque je traversai la cour, je vis mon figuier, celui que j'aimais tant. Il était toujours solidement enraciné et vert. Je me précipitai vers lui, je caressai son écorce rugueuse et les treilles qui montaient le long de ses branches épaisses et noueuses. Il avait toujours été ma cachette. C'est là qu'Atallah me découvrit le jour où Père annonça l'arrivée des soldats.

Le visage de Père s'imprima en filigrane sur ces souvenirs éblouissants : un visage plus jeune, doux mais sévère, comme le jour où il avait chapitré Rudah pour avoir introduit un fusil à la maison pour nous protéger.

— Les Juifs et les Palestiniens sont frères de sang, avait-il dit. Tu ne dois jamais l'oublier.

En contemplant le figuier greffé par Père, je saisis le sens de ses paroles. Enfant, j'avais compris que nous nous entendions bien avec les Juifs des autres villages. Nous commercions ensemble et, de temps à autre, les hommes discutaient avec passion de questions religieuses. Mes études de séminariste, plus tard, m'avaient fait prendre conscience de la déclaration de saint Paul aux jeunes Églises : Dieu avait brisé les frontières ; il n'y avait plus « ni Juif, ni Grec, ni esclave, ni homme libre, ni homme, ni femme ». Tous étaient devenus des « descendants d'Abraham, héritiers selon la promesse ». (Ga 3,28-29.) Paul ajoutait : « Tous les descendants d'Israël ne sont pas Israël. De même que, pour être postérité d'Abraham, tous ne sont pas ses enfants... Ce ne sont pas les enfants de la chair qui sont enfants de Dieu ; seuls comptent comme postérité les enfants de la promesse. » (Rm 9,6-8.) Nous, les gentils, avons été « greffés » sur le peuple élu de Dieu par sa foi, tout comme Père avait greffé six espèces de figues différentes sur un même tronc. Je savais que, sous l'écorce où reposaient mes mains, le bois vivant avait parfaitement fusionné. Même en abattant l'arbre, je ne pourrais jamais voir le commencement et la fin de telle ou telle variété.

Il était terriblement triste de constater que des hommes ignorent le plan divin de paix entre frères divisés et qu'ils apportent leur soutien à ceux qui déploient leurs forces pour expulser les autres. Déjà, l'Église primitive avait été victime de ce genre de phénomène qui avait séparé les juifs et les gentils. Certains de mes camarades séminaristes et de mes professeurs m'avaient étonné. Ils s'étaient bien souvent mis en colère lorsque j'avais déclaré que les Palestiniens avait un droit divin à vivre en Israël, à semer, à moissonner et à vivre en égaux, et non en citoyens de seconde zone. N'étions-nous pas « des enfants de la promesse, de la postérité d'Abraham » ?

Nos discussions s'orientaient tout de suite vers les prophéties de l'Ancien Testament. Toujours et sans fin, on me demandait : « Dieu n'a-t-il pas promis de rassembler la nation d'Israël dans sa patrie ? »

La réponse était évidente. Mais cela n'était ni la seule question ni le propos essentiel des prophètes. Aussi, pour donner une réponse pleinement satisfaisante, je devais, à mon tour, poser une autre question : « A qui Dieu dit-il que la terre appartient vraiment ? » Aussitôt, mes amis fronçaient leurs sourcils et me soupçonnaient de détourner la conversation, de la faire bifurquer vers la politique.

Loin de moi cette pensée ! Je me référais seulement à la loi de l'Ancien Testament dans laquelle Dieu disait aux Juifs : « la terre m'appartient et vous n'êtes pour moi que des étrangers et des hôtes ». (Lv 25,23.)

Mes camarades rétorquaient très vite : « Mais Dieu a promis la terre à Abraham, puis à son fils Isaac et aussi à Jacob, son fils, appelé Israël. »

Cela aussi était vrai. Cependant, il est fondamental de comprendre la mission d'Abraham : ses descendants et lui-même étaient les gardiens de ce don. Il ne chassa pas les habitants pour labourer la terre ; il n'usa pas de son pouvoir pour faire acte de propriété. Appelé à devenir le père des croyants juifs et chrétiens, il savait qu'il n'était pas le premier habitant de la terre de Canaan à adorer le seul vrai Dieu. Roi-prêtre de Salem, Melchisédech lui avait un jour fait don de pain, de vin, et lui avait adressé son message de bienvenue. Manifestement, son peuple et lui avaient occupé cette terre avant Abraham ; ils avaient adoré Dieu selon les vieilles coutumes transmises par Noé et ses pères. Abraham ne tenta jamais de ravir le trône de Melchisédech ni de prendre la terre de qui que ce soit. Il vécut comme un nomade et, lorsque sa femme Sarah mourut, il acheta en toute humilité une tombe à Hébron pour l'enterrer.

Puis je posais une question capitale : « Qu'attendait Dieu des descendants d'Abraham, de ceux qui demeuraient sur sa terre ? »

Je me tournais vers les prophètes de l'Ancien Testament pour trouver la réponse. Au cours de mes propres études, j'étais devenu très conscient que Dieu avait choisi un destin particulier pour son « peuple-gardien ». Cette vocation était si élevée et si difficile que je tremblais en y pensant : Dieu demandait qu'hommage lui soit rendu par toute la terre, que son visage soit révélé par tout acte de gouvernement et jusque par l'usage équitable des poids et mesures sur les marchés. Bien souvent, ce peuple s'écarta de cette voie et, par jugement divin, subit l'oppression étrangère telle l'occupation babylonienne. Finalement, Dieu utilisa les Romains pour frapper Israël et disperser son peuple parmi les nations.

Le Tout-Puissant devait une dernière fois secourir son peuple après des siècles de souffrances inouïes. « Pourquoi ? » demandais-je à mes amis chrétiens. « Pourquoi devrait-il continuer à secourir un peuple qu'il qualifiait sans cesse de « nuques raides ? »

Je lisais la réponse dans les prophéties d'Ézéchiel. Parlant de son sauvetage final grâce à la voix toute-puissante du Seigneur, le prophète avait fermement interpellé Israël :

> Ce n'est pas à cause de vous que j'agis de la sorte, maison d'Israël, mais c'est pour mon saint Nom que vous avez profané parmi les nations où vous êtes venus. Je sanctifierai mon grand Nom qui a été profané parmi les nations au milieu desquelles vous l'avez profané. (Éz 36,22-23.)

Là, je marquais une pause. Dieu agissait manifestement par fidélité aux promesses qu'il avait faites aux Juifs. Je me hâtais toujours de faire remarquer à mes amis chrétiens que Dieu avait envoyé « une lumière aux gentils » qui avaient vécu « dans les ténèbres » ; il avait fait de nous ses fils, malgré notre indignité à recevoir une telle faveur.

Il y avait une raison plus vitale encore pour que Dieu sauve une fois de plus le peuple juif. Le salut devait sans doute intervenir au XXe siècle. Je continuais de lire, car Ézéchiel avait révélé la véritable intention du Créateur :

> Et les nations sauront que je suis Yahvé — oracle du Seigneur Yahvé — quand je ferai éclater ma sainteté, à votre sujet, sous leurs yeux. (Éz 36,23b.)

Oui, pour sûr, quelque chose de bien plus important qu'un bout de terre était en jeu. La véritable raison que Dieu avait de rassembler Israël était de montrer aux yeux de l'humanité qu'il est saint et qu'il dirige une nation sainte.

De plus, tout le livre du prophète Isaïe retentit de ce double avertissement : Dieu réconforterait les Israélites en les délivrant de leurs persécuteurs parmi les nations et leur demanderait de vivre selon une haute vocation. Ils ne devaient pas se contenter de manifester une religiosité extérieure et se conduire comme n'importe quel autre peuple, car même en leur promettant un nouveau secours, Dieu, lui-même, dénonçait leurs anciennes façons de faire. Il déclarait :

J'attendais le droit, et voici l'iniquité ; la justice, et voici les cris. (Is 5,7.)

C'est pourquoi, prophétisait Isaïe, Dieu ne se contentera plus de rassembler les Juifs dans un état particulier et séculier, mais il « dressera un signal pour les nations et rassemblera les bannis d'Israël, il regroupera les dispersés de Juda des quatre coins de la terre. » (Is 11,12.)

Plus tard, certains allaient banaliser l'interprétation des prophéties en écrivant des livres et en annonçant que le retour d'Israël dans sa patrie d'origine préludait au second avènement du Christ. A mes yeux, ce n'était qu'une interprétation imparfaite de la prophétie, car Isaïe, dans son long témoignage, démontrait de façon évidente que Dieu demandait une véritable conversion du peuple juif ; abandonner l'exclusivisme traditionnel qui lui faisait croire qu'il était l'unique élu de Dieu. Tous les prophètes avaient montré qu'une telle pensée menait à l'orgueil, à l'erreur et au mal. Le nouvel Israël devait être différent. Isaïe le rappelle en ces termes :

Ainsi parle Yahvé : « Observez le droit et pratiquez la justice, car mon salut est près d'arriver et ma justice de se révéler. Heureux l'homme qui agit ainsi [...] Que le fils de l'étranger, qui s'est attaché à Yahvé, ne dise pas : " Sûrement Yahvé va m'exclure de son peuple " [...] car je leur donnerai, dans ma Maison et dans mes remparts, un monument et un nom meilleur que des fils et des filles ; je leur donnerai un nom éternel qui jamais ne sera effacé. Quant aux fils d'étrangers, attachés à Yahvé pour le servir, pour aimer le Nom de Yahvé, devenir ses serviteurs [...] je les mènerai à ma sainte montagne, je les comblerai de joie dans ma Maison de prière [...] Oracle du Seigneur Yahvé qui rassemble les déportés d'Israël : " J'en rassemblerai encore d'autres avec ceux qui sont déjà rassemblés ". » (Is 56,1-8.)

Assis sous le figuier, la tête appuyée contre le tronc noueux, ces prophéties avaient envahi mon esprit. Isaïe avait toujours lié la justice et le droit. Et Dieu avait clairement manifesté son intention de faire du nouvel Israël une bannière de justice levée à la face de toutes les nations de la terre. L'Israël de Dieu incluait aussi les « étrangers », ceux qui n'étaient pas du sang des tribus d'Israël mais avaient été greffés sur elles, tout comme les branches l'avaient été sur ce figuier. Qu'il est triste, pensai-je, d'avoir été coupés comme des rameaux indésirables.

Je me levai et retournai vers la voiture car, ce matin, je devais également aller ailleurs. Dévalant les collines, passant près des sources et des plantations de couleur verte et profonde, je m'approchai de cet autre lieu que j'avais tant désiré revoir : le mont des Béatitudes.

Tandis que je conduisais, la voix des prophètes résonnait encore en moi. Un débat houleux s'instaura au cours duquel j'en vins presque à contester leurs réponses avec une ardeur passionnée. Pour moi, Palestinien, Israël n'avait pas repris sa terre selon le droit, mais en oppresseur. Comme chrétien, je me savais spirituellement greffé sur la famille d'Israël, bien que cela n'ait épargné l'injustice ni à mon peuple ni à moi. Comment devais-je réagir ? Chrétien, j'étais appelé à une vocation aussi difficile qu'un fils d'Israël. Il m'était impossible de rejoindre les bandes armées qui attaquaient maintenant le pays, même si je pouvais en éprouver une frustration. Je ne pouvais pas non plus suivre la voie de la passivité de Père et des autres anciens. Mon refus de m'écraser et d'être piétiné, de voir notre jeunesse privée d'instruction, de bons emplois et de logements décents n'était-il qu'un entêtement personnel ? Je m'étais senti bien souvent coupable d'éprouver ces sentiments, mais je ne pouvais les refouler plus longtemps.

Arrivé au mont des Béatitudes, je garai la voiture sur le terrain réservé aux visiteurs. Les franciscains y avaient élevé une basilique de type byzantin et géraient une maison d'accueil à proximité. Pour l'heure, je ne désirais voir ni touristes ni frères, dont certains ne m'étaient pas inconnus. Je m'enfonçai par les sentiers pierreux qui s'éloignaient des bâtiments et des arbres et menaient aux pentes qui dominent le lac de Tibériade. Je descendis tranquillement des marches taillées dans la colline et je m'arrêtai, saisi par le spectacle de cette mer bleue bordée de hauteurs à l'ouest comme à l'est. Le paysage était inchangé depuis les jours où le Christ s'était mis en route à pied pour sillonner la Galilée. Suivi d'une immense foule d'indigènes, d'habitants de Jérusalem, de Judée et de régions situées au-delà du Jourdain, il était monté là pour présenter à ces hommes et à ces femmes son tout premier message. Aujourd'hui, je pouvais me représenter visuellement ces masses.

Selon la coutume, la plupart des femmes et des enfants étaient dans le fond. Aux premiers rangs, les hommes sur les collines herbeuses. Sans aucun doute, il s'agissait de Juifs zélotes, ces politiciens activistes qui complotaient pour chasser par la force l'occupant romain. Peut-être espéraient-ils que Jésus se livrerai à de violentes diatribes contre l'empereur. Sans aucun doute, ces hommes étaient du parti des pharisiens, aux longues robes ornées de glands. Ils attendaient impatiemment de pouvoir juger de l'orthodoxie de l'enseignement de Jésus et le lapider s'il sortait des cadres rigides de leurs dogmes. Sur les côtés se tenaient les paysans, les petits commerçants et quelques bergers. Respectueux et humbles, ils écoutaient paisiblement la parole de ce maître, le message qui soulagerait leur fardeau alourdi par des politiques fanatiques et par des religieux hypocrites. Paria méprisé, un Samaritain était peut-être dans cette foule. Comme Jésus les regardait tous, il fit le lien entre la Loi, les prophètes et la nouvelle et vivifiante sagesse.

Il commença à enseigner, en disant :

Bienheureux les pauvres en esprit, car le Royaume des Cieux leur appartient...

De nouveau, j'étais comme magnétisé par ses paroles. Au long des années, elles s'étaient inscrites dans ma chair. Parce qu'elles m'étaient très familières, elles avaient peut-être perdu leur sens véritable pour moi. A cet instant, soudain, les voix des anciens prophètes emplirent encore ma tête. Les paroles de Jésus m'interpellèrent pour la première fois avec leur véritable portée.

Les Béatitudes étaient des prophéties ! Non de simples banalités. Le ministère prophétique de Jésus avait débuté ici même, sur la colline où je me trouvais. Il avait déjà prévu d'accomplir son dessein qui était d'unir par sa mort les juifs et les gentils en une seule famille et un seul Royaume. Non pas les orgueilleux, mais les « pauvres en esprit » : ils accéderaient à ce futur Royaume.

Cependant, certains n'accueilleraient pas favorablement son idée de royaume conçu pour les juifs et pour les gentils. Il connaissait fort bien les souffrances de l'oppression. Souffrances inéluctables, il leur déclara : « Heureux les affligés, car ils seront consolés... »

La prophétie suivante m'émerveilla : « Heureux les doux, car ils posséderont la terre... »

Immédiatement, je pensai à Moïse. On le nommait « l'homme le plus doux de la terre ». Il réclama la liberté pour le peuple de Dieu, il résista à Pharaon et à l'Égypte entière. La douceur que prônait Jésus n'était pas de la faiblesse mais l'expression d'une entière confiance en la puissance de Dieu, à l'exemple de Moïse.

J'étais intrigué par l'usage que faisait Jésus du mot « terre ». Mes études linguistiques au séminaire m'avaient appris que ce mot se disait « *gè* » en grec et « *aretz* » en hébreu. Les Juifs modernes utilisent la même expression pour désigner Israël : ils l'appellent *Ha'aretz* : La Terre. Le même terme avait été employé dans un psaume de consolation par le roi David, cité par Jésus :

> Ne t'échauffe pas contre les méchants, ne jalouse pas les artisans de fausseté [...] Compte sur Yahvé et agis bien [...] Encore un peu, et plus d'impie [...] Mais les humbles posséderont la terre, réjouis d'une grande paix. (Ps 37,1-3-10-11.)

Jésus était-il en train d'annoncer que les vrais fils d'Israël, d'origine juive ou païenne, possédaient un droit divin à habiter la terre d'Israël ? Selon la promesse faite par Dieu par la bouche d'Isaïe, à savoir qu'il donnerait à « l'étranger... un nom meilleur que des fils et des filles » et qu'il « en rassemblerait encore d'autres avec ceux qui sont déjà rassemblés », selon cette promesse, la parole de Jésus était vraie.

Assailli trop vivement par toutes ces pensées, je restai un moment silencieux. Si tout cela était vrai, que pouvais-je faire ? J'imaginai un instant les visages de cette foule des temps anciens qui avait écouté Jésus. Que pouvait signifier ces paroles si douces quand un gouvernement militaire injuste détenait le pouvoir et envoyait les dissidents à la mort ? Lorsque ceux-ci vivaient dans la crainte, corsetés par un code religieux sévère et impitoyable ?

Les paroles suivantes de Jésus me frappèrent comme un éclair :

Heureux les affamés et assoiffés de la justice, car ils seront rassasiés.

Isaïe avait lié la justice et le droit. Et Jésus, qui le citait souvent, ne l'ignorait pas : Il était venu pour la justice et le droit. Sans répit, Il avait montré que les lois rigides de l'Ancien Testament n'étaient que les ombres de celles, plus hautes, de l'amour de Dieu qu'il était venu proclamer. La femme adultère repentante n'était pas lapidée, mais pardonnée. Les aveugles et les paralytiques étaient guéris au jour du sabbat, « car le sabbat a été fait pour l'homme ». Le paria samaritain devenait une personne digne d'honneur et d'intérêt : l'une des premières choses que Jésus faisait en réconciliant l'homme et Dieu était de restaurer la dignité humaine.

Voilà pourquoi les paroles du Christ m'avaient tellement frappé. J'avais soudain compris que le premier pas vers la réconciliation des Juifs et des Palestiniens passait par la restauration de la dignité humaine. J'étais affamé, assoiffé de justice et de droit : c'était là la troisième voie qui courait comme une piste toute droite entre l'opposition violente et la résignation passive. Si mon destin était de porter le message de Dieu à mon peuple, il me faudrait relever, à l'exemple de Jésus, les hommes et les femmes écrasés et avilis : c'était seulement en retrouvant leur dignité humaine brisée qu'ils pourraient commencer à se réconcilier avec les Israéliens en qui ils voyaient des ennemis. Je compris tout de suite que cette exigence était prioritaire, avant toutes revendications territoriales et tous droits de propriété.

Comme le passage entier était dans mon esprit, une autre phrase résonna comme un coup de tonnerre après l'éclair :

Heureux les artisans de paix, car ils seront appelés fils de Dieu.

Si mon devoir était d'être un vrai serviteur de Dieu et de l'homme, ma vocation première consistait à être un artisan de paix ; il semblait qu'à travers ces mots, j'avais enfin trouvé ma voie, mais j'oubliais qu'un changement plus profond devait encore s'accomplir dans mon cœur.

A ce moment, une foule de touristes, porteurs de caméras, surgit d'un autocar, envahit la colline et interrompit ma rêverie. C'était sans importance, puisque désormais la direction était claire pour moi. De plus, la chaleur du jour devenait plus forte. Tandis que je me hâtai vers ma voiture, je sentis que les paroles de mon modèle avaient, une fois de plus, tissé le fil ténu de ma paix intérieure. Les mots qu'il avait prononcés sur cette montagne m'avaient déjà réconforté quand, petit garçon, j'étais accusé d'avoir coupé le câble téléphonique du *kibboutz* voisin. Aujourd'hui, à l'orée de ma mission d'homme, ces mêmes paroles, simples et puissantes, me guidaient à nouveau : elles m'apportaient la paix que confère la certitude du but à atteindre, de la direction à prendre.

Une autre image s'imposa doucement à mes yeux tandis que je me glissai dans la *Volkswagen*. Une foule immense se dressait de nouveau devant moi, des hommes et des femmes d'aujourd'hui cette fois ; et je leur délivrais un message d'amour, d'espoir et de réconciliation. A chaque phrase, les épaules tombantes se redressaient quelque peu et les sourires s'élargissaient sur leurs visages découragés. Dieu ne les avait pas abandonnés comme des citoyens de seconde zone, leur disais-je. Il les aimait. Ils avaient le droit de vivre sur cette terre et maintenant il était temps de se réconcilier avec nos frères juifs.

La *Volkswagen* volait presque sur la route de Nazareth. Et mon cœur gonflé de projets, d'espoir et d'idéaux, je volais aussi.

Quelques semaines après ma randonnée en haute Galilée, l'évêque me convoqua. L'idée de recevoir ma première nomination me rendait, tout à la fois, nerveux et heureux ; j'avais appris que Faraj était déjà installé dans une paroisse de Nazareth.

— Élias, tu es nommé à Ibillin, en Galilée. C'est un village de plusieurs milliers d'habitants, m'annonça gaiement l'évêque.

— Je vous remercie, Monseigneur, répliquai-je. Mais, je vous demande pardon, je n'ai jamais entendu parler d'Ibillin. Où est-ce ?

— Oh ! tu n'auras aucun mal à trouver, dit-il précipitamment. Nous te fournirons une carte et quelques indications.

Il se tut quelques instants.

— Ehm... c'est un assez petit village. Modeste. Peut-être un peu pauvre. La situation n'est pas facile. Nous avons pensé que tu pourrais peut-être faire un essai d'un mois. Si ça ne marche pas, nous te trouverons une autre affectation.

Avant que je ne puisse dire quoi que ce soit, il poursuivit :

— J'ai déjà écrit au responsable de la paroisse. Celle-ci n'a pas de prêtre depuis longtemps. On t'y attend pour le 15 août.

L'entretien se termina ainsi, tout d'un coup. Je me retrouvai dans le vestibule, la tête pleine de trente-six questions sans réponses.

Cela m'était égal. Le message de dignité pour tous les hommes et de réconciliation avec nos ennemis résonnait encore comme un coup de clairon dans mon esprit. Je le porterai à mon peuple. Je consacrai donc la première partie de l'été à préparer mon déménagement à Ibillin, tout en essayant d'imaginer comment je serais accueilli.

Au matin du 15 août, même la chaleur brûlante ne put avoir raison du printemps qui m'envahissait tandis que je chargeais la voiture et partais à la recherche d'Ibillin. Il y avait tant de petits villages serrés dans les collines que je pouvais facilement me perdre ou prendre une mauvaise direction... Je cherchais depuis longtemps. Finalement, j'empruntai une route, recouverte d'une mince couche de goudron éclatée et de graviers, à peine plus praticable qu'une piste en terre. Au nord de Nazareth, sur la nationale, j'avais chargé un jeune soldat qui faisait de l'auto-stop : il m'avait affirmé avec certitude savoir exactement où se trouvait Ibillin. Comme je le déposai près de sa base, il avait fait un vague signe de la main, en disant : « Par là, juste un peu plus loin. » Je m'étais retrouvé à Tibériade, à l'ouest du pays où un pompiste me sourit tristement et hocha la tête en pointant son doigt dans la direction de Nazareth. Je m'étais trompé de direction. Une heure et demie s'était écoulée lorsqu'enfin j'empruntai la route d'Ibillin, à trente minutes au plus de Nazareth. J'appuyai sur l'accélérateur, je gravis à toute vitesse la route qui montait au village et serpentait entre les plantations d'oliviers. Comme la plupart des villages, Ibillin se dressait sur une colline. D'humbles demeures en parpaings s'alignaient le long de la route. Trois ou quatre enfants, de beaux petits garçons et filles aux cheveux foncés et aux grands yeux émerveillés, qui jouaient sur le chemin, m'obligèrent à freiner. Pauvrement habillés, pieds nus ils restèrent indifférents à mes saluts. Plusieurs hommes plus âgés, la tête coiffée du *keffieh,* me fixèrent d'un air maussade lorsque je leur fis un signe de la main. Soudain, je réalisai mon ignorance au sujet de ce village.

Arrivé près du sommet de la colline, j'entrai dans la cour de l'église. Épuisé par la chaleur et le voyage trop long, j'étais curieux de voir à quoi elle ressemblait. J'arrêtai ma voiture devant un bâtiment passablement décrépit et je me demandai où pouvait bien se trouver le presbytère.

J'étais ému de savoir que mon vrai travail commençait ici.

Une voix forte et irritée me tira de mes songes. Criant et gesticulant, un homme d'âge moyen s'avançait vers moi depuis l'entrée de l'église. A cet instant, je remarquai que la porte du sanctuaire sortait presque de ses gonds.

— Fichez le camp d'ici ! Faites demi-tour avec votre voiture, fichez le camp ! beugla-t-il, en se précipitant vers moi, menaçant.

Complètement abasourdi, je me repliai vers la voiture, je trébuchai et je marmonnai :

— Excusez-moi. Je suis Élias Chacour, le nouveau...

— Je sais qui vous êtes. Il était juste en face de moi maintenant. Il me hurlait au visage.

— J'ai reçu la lettre de l'évêque qui m'annonçait votre arrivée aujourd'hui.

Je pouvais à peine en croire mes oreilles. Cet homme « explosif » était le responsable de l'église ! L'homme qui veillait aux terrains, aux bâtiments, qui surveillait les opérations financières, l'homme qui était censé m'accueillir.

— Nous ne voulons pas de vous ici, rugit-il. Comprenez-vous ? Partez !

10

DIFFICILES MIRACLES

Si je n'ai pas été éjecté d'Ibillin, je le dois à un miracle de présence d'esprit et à quelque effronterie.

J'agrippai la main du responsable qui continuait de me déblatérer sa litanie. Il pensa sans doute que j'allais le bousculer car il reprit son souffle au milieu d'une phrase. Sa mâchoire se relâcha. Je ne sais où je puisai l'audace nécessaire, mais marmonnai : « Prions ensemble. »

Appuyé contre la *Volkswagen*, sous le regard médusé et incrédule du responsable, j'ouvris alors la bouche, tout à fait incertain des mots qui allaient en sortir :

— Mon Dieu, aidez-nous à nous unir en frères chrétiens. Aidez-nous à surmonter nos différences.

Différences dont je n'arrivais pas à comprendre la nature.

Il ne fut que momentanément surpris par ma prière. Dès que j'eus fini, il recommença. Je remarquai toutefois que son ton de voix était moins mordant.

— Si vous pensez rester ici, vous feriez mieux de rapporter tout ce que, vous autres prêtres, vous avez volé.

L'accusation me consterna.

— Quelles choses ? J'ai été ordonné il y a quelques semaines seulement. Je n'ai pas eu le temps de voler quoi que ce soit.

— Quelles choses ? dit-il en me singeant. Je vais vous montrer « quelles choses ».

Sur ces mots, il me saisit par la manche et m'entraîna d'un coup sec vers l'église.

L'intérieur était frais et faiblement éclairé. Même tiré de force, je lui fus reconnaissant d'avoir échappé à l'implacable chaleur du soleil. Au fur et à mesure que mes yeux s'accoutumèrent à la pénombre, le spectacle qui s'offrit à ma vue m'attrista. L'église était délabrée. La porte de guingois que j'avais remarquée ne tenait que par un gond. Le sanctuaire était vide à l'exception de quelques bancs de bois en mauvais état. A tous les vents, agressés par les intempéries, les murs étaient lézardés et la peinture décrépite et écaillée. Les fresques délicates qui les avaient décorés n'étaient plus que des taches de plâtre colorées. Dans le chœur, les draperies, qui jadis avaient dû être belles, pendaient lamentablement, informes, poussiéreuses et décolorées.

Tandis que je regardais, sans voix, le responsable poursuivit ses accusations désordonnées contre mon prédécesseur. Plusieurs années auparavant, une nuit, il avait disparu, emportant avec lui le ciboire, le plateau de Communion, la plupart des bancs et même la porte extérieure des toilettes.

Tirant de nouveau sur ma manche, l'homme m'attira vers l'extérieur, sous le soleil brûlant de l'après-midi. Il me montra le « presbytère ». Comme je le craignais, il s'agissait bien du lamentable bâtiment devant lequel je m'étais garé.

— Si vous restez, dit-il en insistant, voici votre maison.

L'inspection rapide des deux petites pièces de la bâtisse me révéla la présence d'un poêle graisseux, l'absence de lit et de commodités sanitaires : la porte extérieure des toilettes avait été emportée par mon prédécesseur ! Comme source de lumière, une lampe à pétrole en piteux état sur le bord d'une table à trois pieds. La seule eau disponible pour se laver, faire la cuisine et boire provenait d'un robinet extérieur qui fuyait. L'évêque n'avait certainement pas usé sa salive en détails superflus, en me disant qu'Ibillin était un « défi ». J'essayai de me consoler en pensant : un mois, c'est seulement pour un mois.

Je me retournai vers le responsable qui portait sur moi un regard narquois, je souris et déclarai :

— Ça va bien. Je reste.

Il resta longtemps à me regarder transborder les valises de ma voiture, puis s'en retourna dégoûté. Utilisant des bancs de l'église en guise de lit, j'essayai de m'installer. Une pensée me vint, fugitive : Ibillin pourrait être le lieu idéal de ma première expérience d'artisan de la paix. Je repoussai cette idée, décidé à faire de mon mieux pendant quatre semaines seulement.

Dans les jours qui suivirent, je me rendis compte de la pitoyable situation d'Ibillin. A l'image de son église, le village était en déclin : il était vieux, très vieux. J'appris que l'un de ses enfants était devenu un Père de l'Église dont le rôle au Concile de Nicée en 325 avait été primordial. Au cours des siècles suivants, Ibillin avait servi de champ de bataille aux croisés et aux armées arabes. L'illustre Salah-al-din, ou « Saladin », avait construit une forteresse en pierres à proximité. Ses forces qui ne maniaient que le cimeterre avaient gorgé ces collines de flots de sang. Bien que déclinante, la lumière de la chrétienté ne pouvait pas s'éteindre. L'Église resta puissante jusqu'au XXe siècle.

Le tissu social d'Ibillin ne se déchira qu'à partir du bouleversement des années 40, lorsque les familles furent dispersées et réinstallées. Dans la confusion de la guerre, les musulmans, les Grecs, les orthodoxes et les chrétiens melkites se dressèrent violemment les uns contre les autres. Au sommet de la même colline, se cramponnaient une mosquée, un sanctuaire orthodoxe et notre église. Chaque groupe avait rivalisé en luttes de pouvoir et d'influence pour le contrôle du village. Les divisions étaient encore désastreuses. Sans compter avec les problèmes de délinquance et d'alcoolisme, la municipalité n'avait jamais pu aboutir à un accord pour résoudre celui de l'approvisionnement en eau, réalisé par un système vétuste et inadapté. Rien ne se fit et la haine se répandit librement.

Certaines questions déchiraient les familles. Un des cas les plus tragiques était celui d'une famille de quatre frères. L'un faisait fonction de policier du village. Ils se haïssaient tellement que les gens évacuaient les rues quand ils en voyaient deux prêts à se battre. Je fus profondément attristé d'apprendre que ces hommes étaient croyants et qu'ils avaient été actifs dans la paroisse. La haine violente entre chrétiens que j'étais venu servir, était ce qui m'était le plus éprouvant. La paroisse était tellement divisée que seule une poignée de fidèles venait encore prier.

La déception des gens fut grande lorsqu'il fut évident que la hiérarchie de l'Église évitait les solutions de justice et d'égalité et semblait briguer la faveur du nouveau gouvernement qui se battait contre le peuple. Plutôt que d'affronter les sionistes, évêques et archevêques semblaient plus intéressés à préserver les reliques, les pierres saintes. Ils n'élevaient pas la voix. Mon prédécesseur, l'ancien curé d'Ibillin, couronna le tout en disparaissant de la scène purement et simplement alors qu'il était au milieu de villageois pauvres et divisés. Il n'était donc pas étonnant que le responsable me déteste à cause de tout ce que je représentais. Pas étonnant non plus que le désespoir ait émoussé la foi.

A ces blessures infligées par la hiérarchie et l'ancien curé, s'ajoutait l'attitude du responsable qui ne faisait qu'aggraver les choses. En rendant visite à quelques voisins, très désireux de me rencontrer, je découvris que cet homme commandait avec une poigne de fer. Il avait littéralement pris le pouvoir. Il décrétait qui était, ou non, « *persona grata* » à la paroisse : la plupart des gens ne l'étaient pas. Il était autoritaire. Personne n'osait s'opposer à lui.

C'était là sans doute le défi : le responsable voulait me voir partir au bout d'un mois, seulement ? Moi, j'étais décidé à rester plus longtemps, quelques mois peut-être, voire même un an.

Je décidai aussitôt de rendre visite à chaque famille, chrétienne ou non. Il m'apparaissait très clairement que je devais apporter à cette population meurtrie par la discorde, l'amour de la Croix, entre l'étoile de David et le croissant de Mahomet. Avec ferveur, je commençai de frapper aux portes toutes les après-midi. Je disais aux familles qu'elles seraient les bienvenues à la paroisse. L'hospitalité étant profondément enracinée dans notre culture, je ne fus jamais chassé. Au contraire, je fus toujours accueilli avec une tasse de café, des fruits et quelques sucreries soigneusement conservées. Quelques hommes s'offrirent même à faire des bancs neufs et à réparer les portes cassées. Mieux encore, la plupart furent désireux de revenir à l'église. Je m'aperçus bientôt que les visites des familles me prendraient trop de temps, compte tenu du nombre. Il me fallait de l'aide.

Un après-midi, quelques semaines après mon mois d'essai, j'arrêtai les visites pour me rendre en voiture à Nazareth. J'espérais y voir une vieille amie. Femme d'une grande et profonde spiritualité, Mère Joséphat dirigeait une petite communauté religieuse féminine. Dévouées à la prière, ces sœurs menaient une vie simple.

S'en trouverait-il qui accepteraient de quitter leur couvent pour venir travailler avec moi dans les pauvres conditions d'Ibillin ?

Mère Joséphat m'accueillit chaleureusement. Une compassion qui me semblait aller au-delà d'un simple amour humain émanait de son beau visage vieilli. Avec beaucoup de bienveillance, elle écouta mon histoire d'Ibillin et mon plaidoyer pour obtenir que deux membres de sa communauté viennent m'aider, même un seul jour de temps en temps pour visiter les femmes du village.

Lorsque j'eus fini, elle me dit :

— Je pense que cette demande ne vient pas de vous, mais du cœur de Dieu. J'en suis sûre : il y aura des volontaires. Néanmoins, je dois obtenir l'approbation de notre supérieure, avant de vous promettre l'aide de deux sœurs.

Je savais qu'elle disait vrai : elle appartenait à une congrégation étroitement dépendante de la hiérarchie romaine. Nous convînmes que je reviendrai à Nazareth quelques semaines plus tard, malgré l'assurance qu'elle me donnait. D'après elle, il ne devait y avoir aucun problème. Une simple formalité, soumission et obéissance de sa part.

Avant de revoir Mère Joséphat, je sus la raison pour laquelle les villageois d'Ibillin étaient si désireux de revenir à l'église. Le responsable avait appris que je visitais les familles. Il en était furieux, car mon prédécesseur s'était peu embarrassé de visites à domicile. Mon attitude le rendit jaloux et soupçonneux. Il me considérait comme un jeune effronté, odieux, indigne de sa vocation. Il se mit à me suivre partout où j'allais. Il s'opposait, pour quelque obscure raison, à ce que je visite certaines personnes qu'il n'aimait pas.

Un homme en particulier avait le don d'exciter sa haine parfaitement irrationnelle : il s'appelait Habib. Il vivait paisiblement dans la maison voisine du presbytère. Habib s'élevait fréquemment contre l'annexion des terres palestiniennes par le gouvernement israélien, pratique de plus en plus fréquente. Le responsable le calomniait, le traitait de sale communiste. Il ne lui permettait même pas de mettre ses pieds sur la propriété de la paroisse.

Incontestablement, le responsable avait sur la paroisse une emprise étouffante qu'il fallait rompre. Mais aussi, les gens se méfiaient beaucoup des représentants de l'Église. Je ne pouvais expulser purement et simplement ce personnage, sous peine d'être considéré comme un homme avide de pouvoir. Je ne voulais pas entamer une mauvaise querelle. Cependant, une confrontation était inévitable : elle déchirerait irrémédiablement les croyants d'Ibillin ou bien, au contraire, elle les unirait.

La nuit, tandis que les bancs de bois raidissaient ma nuque et meutrissaient mes hanches, j'imaginais Jésus confronté aux factions antagonistes de son temps. Je pensais aux Pharisiens, qui fronçaient leurs sourcils de justiciers quand il approchait une prostituée ou un publicain. Que ferait-il maintenant ?

Au cours d'une des dernières chaudes après-midi de l'été, je compris ce que, moi, je devais faire. Le responsable me traitait comme son toutou ; il attendait que je danse à chaque pincement de violons. Il me poursuivait toujours au cours de mes tournées. Il fallait briser tout cela.

Nous sortîmes du presbytère dans la cour fermée attenante. Il était juste sur mes talons. Supposée être un jardin, la cour, aussi tristement nue et dépouillée que l'église, n'était qu'un fouillis de mauvaises herbes. Une fois de plus, le responsable commença à me dicter la liste des personnes que je devais voir : je sus que le moment était venu.

— Je pense que je vais aller voir Habib aujourd'hui, lançai-je d'un ton indifférent en levant les yeux vers sa maison que je pouvais apercevoir par-delà le mur du jardin.

— Non, vous ne le verrez pas ! hurla mon interlocuteur.

Levant les mains au ciel, je répondis :

— Parfait ! Je ne vais pas discuter.

Il crut que j'abandonnais la partie et une grimace d'autosatisfaction crispa la commissure de ses lèvres. Tirant parti de mon avantage, je demandai innocemment :

— Voulez-vous m'attendre ici ? Juste un moment ? Il faut que je m'occupe de quelque chose avant de vous accompagner. Je sais que cela ne vous intéressera pas du tout.

Calmé, rassuré, il accepta.

Je sortis seul du jardin. Le portail une fois violemment refermé, je courus le long du mur et tournai près de l'escalier qui menait à l'appartement d'Habib, situé au second étage. Au fur et à mesure que je gravissais les marches, je pouvais voir l'intérieur du jardin, je pouvais aussi être vu. Immédiatement, le responsable me repéra. Malgré la distance, je pus voir son visage s'empourprer.

Avant même de l'entendre crier, je lui lançai gentiment :

— Je savais que vous ne seriez pas à votre aise au cours de cette visite. Aussi je ne vous ai pas obligé à m'accompagner. Vous pouvez vous reposer et m'attendre si vous le désirez. Je ne serai pas long.

Ces derniers mots se révélèrent faux. La parenté d'esprit fut si proche entre Habib et moi que rapidement, je perdis la notion du temps. Ses connaissances en agriculture me fascinèrent. Son amour de la terre et des plantes me rappelèrent Père. En plus de sa science des arbres et des vignes, Habib connaissait parfaitement le Nouveau Testament. J'eus mal à la pensée que l'Église ait pu écarter ou mépriser un tel homme. Ma visite était la première d'une longue série : je me le promis, je le lui promis. Évidemment, je l'invitai à l'église mais je compris qu'il n'accepte pas d'emblée. Nous allions toutefois devenir de bons amis.

Je donnai un coup d'œil rapide à ma montre et je partis. Deux heures avaient passé et j'avais promis au responsable d'être de retour au bout de cinq minutes ! Je descendis, mal à l'aise, l'escalier d'Habib, balayant du regard la cour vide de l'église.

Heureusement, le responsable, lassé, était rentré chez lui. Il ne me fit aucune remarque quand je le revis. Je devais revoir Habib, discrètement toutefois, afin de ne pas créer d'histoires. Le silence glacial du responsable me fit comprendre que ce n'était qu'une question de temps.

Quelques semaines passèrent. Je retournai à Nazareth. Plus vite j'obtiendrai l'aide des religieuses, plus vite je pourrai contacter toutes les familles d'Ibillin. J'avais même commencé à vadrouiller dans les rues le dimanche matin. Deux heures avant la messe, je frappais aux portes et je rappelais aux croyants que notre église n'était pas l'Église sans leur présence. Travail fatigant et incessant, j'attendais désespérément un secours. Je me précipitai avec impatience dans le bureau de Mère Joséphat pour honorer notre rendez-vous.

A voir son visage, je compris qu'il y avait des problèmes. Assise derrière sa table, elle joignit précautionneusement ses mains, éclaircit sa voix et choisit prudemment ses mots :

— Vous savez que je suis dans une position difficile. J'ai toujours accepté l'autorité. Après tout, c'est l'Église qui l'a placée au-dessus de moi.

A ce moment, elle s'arrêta, pinça ses lèvres avant d'annoncer les nouvelles désagréables.

— Je lui ai demandé la permission de laisser deux sœurs travailler avec vous à Ibillin. Elle a refusé.

Mon cœur était vide tandis qu'elle me racontait. On lui avait demandé s'il y avait des familles catholiques romaines à Ibillin. A la réponse négative, on lui demanda si on pouvait prévoir des conversions. Patiemment, elle avait expliqué que la conversion n'était pas précisément le but recherché.

— Dans ce cas, lui dit-on péremptoirement, vous ne pouvez y envoyer deux sœurs.

Je pensai que tout était dit. Après un long soupir, j'allais remercier Mère Joséphat et partir. Au moment où je me levais, elle me pria de rester assis.

— Je vous ai dit que j'étais dans une situation difficile. C'est exact. Cependant, il me faut rendre des comptes à une autorité plus haute que celle de mes supérieurs dans l'Église. Je dois en répondre devant Dieu.

A ce moment, je vis de nouveau la lueur familière qui brillait dans son regard, un sourire espiègle et compassionné :

— On m'a interdit d'envoyer « deux » sœurs. Aussi ai-je décidé d'en envoyer trois.

J'étais subjugué. Plus encore, j'étais bouleversé par une immense et profonde reconnaissance. Je savais que Mère Joséphat n'avait pas pris facilement cette décision. Elle ne défiait pas ses supérieurs à la légère. Elle agissait par une conviction établie dans son cœur. Serrant sa main, je la remerciai mille fois. Il me semblait que nous étions comme deux étincelles, insuffisantes certes pour enflammer Ibillin. Désormais, mon travail s'éclairait d'une timide promesse.

La promesse, en effet, se révéla bien timide. Dès le dimanche suivant, je retournai à Nazareth pour emmener les trois sœurs. Arrivé à leur résidence, je croyais rencontrer des collaboratrices impatientes et enthousiastes.

Mère Joséphat me salua à la porte et me présenta les volontaires. Mère Macaire, la plus âgée, paraissait être du genre robuste et poliment autoritaire. Toutefois, une quinte de toux qui la secoua tout entière me dit que sa santé était fragile. Ghislaine était petite, gaiement rondelette, avec des cheveux grisonnants et des yeux pâles, désenchantés. Elle ressemblait au modèle universel de la grand-mère. Nazarena, la troisième, était la plus jeune et la plus brune. Sa peau était d'une douce et belle couleur olive. Sa minceur frisait la faiblesse. Hormis les habits gris de leur congrégation, ces trois femmes avaient en commun des yeux soupçonneux et maussades qui me dévisageaient. Un seul coup d'œil me suffit : elles étaient rien moins qu'enthousiastes.

Nous nous dirigeâmes tous ensemble vers la voiture et, tandis que je leur ouvrais, Mère Macaire me demanda :

— Vous allez nous ramener ici tout de suite après l'office, n'est-ce pas ?

Cette question me consterna. Il n'était pas dans mes intentions de faire un aller et retour de Nazareth à Ibillin pour la simple satisfaction de compter des gens dans l'église. Aussi, je fus sur le point de refermer la porte de la voiture et de trouver quelque raison polie pour éviter ce handicap : j'avais suffisamment de travail à Ibillin pour ne pas m'infliger des trajets supplémentaires. Mais MèreIoséphat se tenait à la porte et me souriait. Il m'était impossible de refuser sa bienveillance. Aussi, presque sans broncher, je répliquai :

— Oui, je vous ramènerai immédiatement.

Lorsque je les déposai à leur couvent l'après-midi, Mère Macaire insista, à mon grand étonnement, pour que je revienne les chercher le dimanche suivant. Désormais, tous les dimanches connurent les mêmes allées et venues. J'étais très gêné car elles manifestaient peu d'intérêt pour la population d'Ibillin. Elles se concentraient totalement pendant la célébration. Dès la fin, elles se dirigeaient tout droit vers la voiture : elles attendaient avec impatience, les lèvres serrées que je fasse mes adieux aux deux douzaines de villageois qui, maintenant, fréquentaient l'église.

Chaque dimanche me paraissait devoir être le dernier. Quelquefois, j'espérais secrètement qu'il en serait ainsi. Elles gardaient le silence lorsque je leur suggérais de rester et de discuter avec les femmes du village. Malgré l'hiver, elles vinrent chaque semaine.

Plusieurs mois après le début de leur « volontariat », je compris la raison de leur étrange persistance et de leur apparente indifférence. Une après-midi, Mère Joséphat me prit à part et me demanda si tout allait bien avec ces sœurs. J'essayai de répondre poliment sans trop mentir. Mais elle devina tout de suite, au-delà de mes paroles.

— Ne vous découragez pas, me dit-elle d'un air songeur et triste. Elles ont une « mentalité de couvent ». Tout est réglé par la pendule. Il y a un temps pour manger, pour prier, pour dormir, un temps aussi pour fermer la porte et renvoyer les gens. Mais elles changeront. Soyez patient. Elles ont bon cœur sinon elles ne vous accompagneraient pas.

Au cours de cette conversation, j'appris également que nombreux étaient les gens d'Église qui considéraient les villages de Galilée comme difficiles : ils étaient pauvres ; ils comptaient des chrétiens, des musulmans et beaucoup de druzes dont la foi était une synthèse du christianisme, de l'islam et du judaïsme. Aussi préférait-on s'entasser confortablement autour des saintes reliques, bien que le Christ lui-même ait voyagé, enseigné et accompli ses miracles d'amour dans ces mêmes villages.

Je décidai d'aider les sœurs à changer un peu plus vite. La semaine suivante, je refusai tout simplement de les ramener à leur couvent immédiatement après la messe. J'avais fait préparer de mon mieux un modeste déjeuner. Quand j'avais annoncé aux femmes du village que les sœurs resteraient et qu'elles avaient quelques notions de soins médicaux, celles-ci furent littéralement folles de joie. Les rhumes et les virus en effet faisaient des ravages parmi leurs enfants pendant ces mois pluvieux et froids.

Avant même que nous puissions nous mettre à table, on frappa à la porte du presbytère. Je courus ouvrir car il tombait un crachin glacial. Une jeune mère, portant un petit paquet, entra timidement. Son visage était tendu, apeuré. Soulevant les plis de la couverture, elle découvrit un petit garçon, d'environ deux ans, dont les cheveux noirs et bouclés étaient humides non de pluie, mais de fièvre.

— Il s'appelle Ibrahim, dit la mère, vous savez, comme notre père Abraham.

A mon grand plaisir, les sœurs n'hésitèrent pas un instant. Elles se pressèrent pour la conforter et glissèrent des mots gentils à l'enfant. Nazarena, la plus experte en matière de soins, prit l'enfant, indifférent, sur ses genoux et le berça doucement en caressant son front chaud et moite. Ghislaine se précipita vers le poêle pour préparer le thé et Mère Macaire fut aux petits soins pour la jeune femme : elle l'interrogeait sur la maladie de son fils. Je contemplai la mère, plongée dans un bain si inattendu d'affectueuse attention : toute trace de crainte avait quitté son visage.

Tranquillement à l'écart, je ne pouvais m'empêcher de penser que Dieu nous avait envoyé ce pauvre enfant. Pour ces sœurs, voir à l'église des hommes et des femmes inconnus était une chose.

C'en était une autre de prendre un enfant malade sur ses genoux. Chaque fois qu'Ibrahim levait ses yeux sombres et vitreux vers le visage de Nazarena, je sentais qu'un lien puissant était en train de se former, sans paroles. Avec ce rare savoir-faire qui caractérise les femmes, les trois sœurs devinrent, ce jour-là, la mère d'Ibrahim.

Lorsque je les reconduisis chez elles, elles avaient déjà mille projets pour la semaine suivante. Elles apporteraient des médicaments contre le rhume et de l'aspirine au cas où il y aurait d'autres malades. A mon volant, je souris silencieusement.

Malgré leur refus d'entrer dans les maisons, leur contact avec la population eut des effets bénéfiques inattendus. Depuis mon arrivée, l'été précédent, on mettait de temps à autre sur le seuil de ma porte du pain sans levain, quelques fruits ou un panier de légumes. Désormais et de plus en plus, je reçus des fromages, du lait, des œufs, des oranges, de la viande, des gâteaux, du pain, des olives et du miel : gestes agréables de reconnaissance !

Alors, je pris conscience de l'amour croissant que j'avais pour les gens du village. Mon essai durait depuis presque six mois. Je ne pouvais plus penser partir. Je couchais toujours sur un banc dur. La haine régnait encore dans le village et même dans l'église, mais je voyais les épreuves et les divisions s'estomper. Peut-être était-ce dû aux regards joyeux des mamans qui apportaient leurs bébés aux sœurs, pour les faire soigner, et à moi, pour les faire bénir ? Ou bien aux bandes de garçons plus âgés, des jeunes hommes, qui broyaient sans relâche le blé ou la farine au coin des rues. Ou aux jolis visages timides des jeunes filles qui servaient le café avec beaucoup de réserve quand je rendais visite à leurs pères à la maison. Sous un vernis lézardé par des tensions politiques, religieuses et sociales, durci par la pauvreté, battaient des cœurs tendres qui s'ouvraient timidement, qui ne désiraient pas la division mais la paix. Les hommes qui m'avaient, dans le passé, croisé dans la rue indifférents ou hostiles, me serraient vigoureusement la main ; ils étaient reconnaissants des quelques soins donnés par les sœurs à un de leurs enfants. Je me rendais compte qu'il était en train de se passer quelque chose ici. Si tel était le cas, cela ne ressemblait pas aux signes puissants donnés par Jésus, mais plutôt à de difficiles miracles.

Car une opposition à ma présence dans ce village prenait également forme.

Tandis que j'étais occupé à mes tournées de l'après-midi et du dimanche matin, le responsable rassemblait ses partisans. A l'approche de l'été 1966, je me rendis compte que les nombreuses factions étaient en train de se regrouper en deux clans : celui du responsable et le mien. D'autres prenaient aussi position. Je fus horrifié en découvrant cette situation et plus mal à l'aise encore en m'apercevant que les choses tournaient à son avantage. Quelle chance avait un jeune homme de vingt-six ans comme moi, un étranger, face à quelqu'un du pays, plus puissant ? Ce que je craignais le plus : l'affrontement, semblait inévitable.

La scène éclata au petit matin d'un jour d'automne, plus de dix-huit mois après mon arrivée.

On frappa précipitamment à ma porte. Lorsque j'ouvris, je me trouvai nez à nez avec le responsable accompagné d'une demi-douzaine d'hommes qui me fixaient d'un air hargneux.

— Venez avec nous, ordonna l'homme, sans explication.

Docilement, je sortis et les suivis.

Ils m'emmenèrent dans le jardin derrière le presbytère. Là, le responsable pointa un doigt accusateur en direction d'une jeune vigne qui s'enroulait autour d'un arbre.

— Qu'est-ce que c'est ? demanda-t-il d'un ton provocant.

— C'est une vigne.

— Qui l'a plantée ?

Je me sentis défaillir.

— C'est mon voisin, Habib, répondis-je.

Au printemps dernier, il m'avait fait une surprise en m'offrant cette vigne hybride, après que je lui eus raconté l'histoire de la cachette de mon enfance dans l'arbre de Biram. Ce pied promettait d'habiller quelque peu le jardin nu et triste.

— Si c'est Habib qui l'a plantée, il faut l'enlever, dit le responsable, fou de rage. Il n'a aucun droit ici. Je ne veux pas qu'il ait la moindre raison d'entrer dans cette propriété. Arrachez la vigne !

J'avançai brusquement le menton avec entêtement. La fureur et l'exaspération me soulevaient. J'allais l'accuser de stupidité et d'étroitesse d'esprit. Étonnement ! Au même instant, une petite voix presque inaudible se mit à prier au fond de moi : « Père, fais que je parle ton langage et non le mien. »

Sans savoir ce que je disais, je répliquai d'un ton monocorde :
— Apportez-moi une bassine d'eau.

Triomphant, le responsable envoya un de ses hommes chercher une bassine. Il croyait que je voulais rendre la terre plus meuble pour déraciner la vigne. Je ne sus ce que j'allais faire qu'au moment où l'homme revint.

Il me mit le récipient dans les mains et je me penchai, en aspergeant lentement les feuilles, d'une façon rituelle. Je posai le seau vide à terre, puis je levai la main droite au-dessus du cep et de la voix la plus sérieuse possible, je dis :
— Je te baptise au nom du Père, et du Fils, et du Saint-Esprit. Amen.

L'homme me dévisagea comme si j'étais un fou dangereux.
— Voilà, lui dis-je chaudement, cette vigne est maintenant chrétienne. Vous ne pouvez pas déraciner votre propre frère. Elle restera là où elle est.

Ils tournèrent les talons d'un air indigné et s'en allèrent lourdement.

C'était l'impasse. Je savais que l'intelligence, à elle seule, ne pouvait calmer les dures hostilités qui secouaient la paroisse et le village. Je me rendais compte qu'il fallait le scalpel d'un chirurgien pour extirper le mal qui détruisait Ibillin, mais je n'imaginais pas que je serai le premier à passer sous le bistouri.

Au début de 1967, les sœurs m'annoncèrent une nouvelle surprenante :
— Nous aimerions venir vivre à Ibillin, déclara Mère Macaire un dimanche, tandis que nous quittions Nazareth. Ghislaine et Nazarena approuvèrent.
— Si vous voulez de nous, bien sûr, ajouta Mère Macaire.

J'avais envie de les embrasser. Comme je ne voulais pas manifester trop d'impatience, je leur répondis lentement :
— Certainement. Quand ?

Je ne sais comment Mère Joséphat avait convaincu son supérieur. Toujours est-il que les trois sœurs s'installèrent à Ibillin dès la semaine suivante. La tâche serait difficile : Mère Macaire était âgée, elle était handicapée par des problèmes de santé. Nazarena était, elle aussi, un peu fragile. A cela s'ajoutait un problème de logement. Nous trouvâmes trois lits métalliques mais ne pouvions pas tous loger au presbytère. Il n'y avait aucune place pour moi. Je dus dormir dans la voiture. Dans une lettre, je remerciai, en plaisantant, Lony et Franz de m'avoir offert ma « chambre à coucher sur roues ».

Malgré le froid glacial, j'étais heureux que les sœurs acceptent de recevoir des visiteurs toute la semaine. Gaiement, j'accélérais ma propre cadence, je visitais tous les foyers : chrétiens et musulmans. C'est à ce moment que je subis une douloureuse intervention chirurgicale de l'esprit.

Tard dans la nuit, vers la fin de l'hiver, on vint m'avertir qu'une femme de la paroisse était en train de mourir. Elle était âgée, elle était très malade. Je ne fus donc pas surpris outre mesure. Cependant, deux choses m'inquiétèrent. D'abord, je n'avais jamais assisté personne aux portes de la mort. Ensuite, cette femme était la mère des quatre frères ennemis et j'étais appelé au domicile de l'aîné, le policier du village, Abu Mouhib.

Nerveusement, je me hâtai par la nuit sans lune. Je craignais de ne pas arriver à temps au chevet de la mourante, je me dirigeai à tâtons dans le village. Ou peut-être je souhaitais secrètement arriver trop tard.

Je tremblais en arrivant chez Abu Mouhib. Il hésita un instant avant de m'autoriser à entrer. Je savais qu'il ne m'aimait pas, bien qu'il vienne à l'église en de rares occasions. Toutefois, ce n'était pas le moment des inimitiés personnelles ; il me conduisit dans la chambre de sa mère.

Je chuchotai quelques timides paroles de réconfort et je restai au chevet de la mourante jusqu'au petit matin. Huit ans de séminaire ne m'avaient pas préparé à ce genre de situation. Sa main tremblante, aux veines bleues, reposait au creux de ma paume humide de sueur. Elle était froide et recroquevillée comme une feuille d'albâtre. Sa respiration devint rauque pendant environ une heure, puis cessa. Je fermai ses yeux de mes doigts glacés.

Mes jambes flageolaient quand j'annonçai à Abu Mouhib la mort de sa mère. Je tentai de le réconforter au mieux et je me proposai d'aller chercher ses trois frères.

— Je suis sûr qu'ils aimeraient venir la voir.

Les traits désolés d'Abu Mouhib se crispèrent aussitôt et devinrent menaçants.

— Non ! cria-t-il. Mes frères ne mettront pas les pieds chez moi. S'ils osent venir ici, vous aurez cinq enterrements sur les bras car nous nous entretuerons.

Un frisson me secoua. Même la mort de leur mère ne réunirait pas ces frères. Comme j'aidais à habiller le frêle cadavre de cette femme, j'eus de la peine pour elle, pour ses fils et pour tout le village.

Une pâle lueur éclairait les rues tandis que je retournai à la maison. Une pesante fatigue voûta mes épaules. Je désirais seulement me réfugier dans la *Volkswagen* et dormir pendant des heures et des heures. En me blotissant sur le siège arrière, je ressentis dans ma poitrine la douleur du chagrin. Chagrin et colère. Le sommeil ne viendrait pas.

Couché là, je me mis à lutter contre ces gens haineux qui m'entouraient. Dans ma tête, j'apostrophais les quatre frères. Je leur disais combien leur conduite me dégoûtait. Ne pouvaient-ils pas se pardonner à l'heure où ils devaient honorer leur mère ?

Ils ne furent pas les seuls que j'attaquai. Le responsable me souriait dans la pénombre d'un air grimaçant et je lui adressai de dures paroles. J'invectivai le prêtre qui avait volé la paroisse, les séminaristes qui avaient calomnié les Palestiniens en nous taxant de « terroristes », les professeurs du séminaire, le principal qui m'avait puni à l'école de Nazareth.

Une autre image m'aveugla... celle d'un militaire qui frappait un petit garçon avec un bâton... J'entendis des cris... ma propre voix ! Je prenais un bâton, frappais et brisais la tête de l'homme jusqu'à ce qu'il tombe inconscient, en sang. Il y avait des chars sur les collines de Biram, des explosions... Nos maisons tenaient bon et les chars volaient en éclats... et les corps des soldats agonisaient... Alors, je compris.

Silencieux et calme, pour la première fois, j'étais conscient d'être capable de haine violente et meurtrière. Conscient que tous les hommes, partout, en dépit d'une mince couche de vernis social, sont capables d'une horrible violence les uns contre les autres. Cette violence n'était réservée ni aux nazis, ni aux sionistes, ni aux commandos palestiniens, elle était en moi aussi. J'avais mis sur mes blessures des pansements chrétiens, mais à l'intérieur la colère me ravageait. Parallèlement à cette soudaine et brutale vision de moi-même, une voix intérieure familière parlait fermement, sans concessions : Si tu as de la haine pour ton frère, tu es coupable de meurtre. Maintenant, je comprenais.

J'entendais d'autres paroles. Un homme était en train de mourir d'une mort ignominieuse, un homme de paix qui souffrait injustement, suspendu à une croix. « Père, pardonne-leur, répétais-je. Et pardonne-moi aussi. »

A cet instant, le pardon ferma la plaie, depuis longtemps ouverte en moi, la plaie de la colère et de l'amertume. Depuis l'époque où, petit garçon, on m'avait battu, j'avais nié la violence qui m'habitait.

Maintenant, la main paisible qui m'avait appris la compassion sur la frontière ouest-allemande, m'avait suffisamment calmé pour me permettre de regarder en face la haine profonde qui remplissait mon âme.

Épuisé physiquement et moralement, je m'endormis. Plus tard, le matin, je me réveillai avec un sentiment de paix nouvelle. La conversion qui avait commencé au mont des Béatitudes était achevée. Je savais ce qu'il me fallait faire à Ibillin.

L'année et demie que j'avais passée à visiter les foyers et les mois de soins donnés par les sœurs avaient ouvert une brèche, une petite brèche, vers la réconciliation des villageois d'Ibillin. Peu de personnes fréquentaient régulièrement l'église. Toutefois, la plupart n'auraient pas manqué les offices religieux pendant les fêtes de Noël et de Pâques, plus pour se conformer aux coutumes que par désir d'un véritable renouveau spirituel. L'assistance crût nettement le premier dimanche de Carême et le nombre grossit encore au fur et à mesure que Pâques approchait.

Tous les bancs étaient pleins à craquer le dimanche de Pâques. Presque tous les chrétiens du village étaient là, plus quelques autres des environs que j'avais invités. Ce matin-là, le temps était doux. Un léger vent chaud animait les rues. Aussi je laissai les portes grandes ouvertes, dans l'espoir que nos cantiques attirent des passants. Quand je me mis debout et que je fis un signe de la main pour annoncer le début de la cérémonie, je reçus le choc de visages fixes et mornes.

Ouvertement hostiles et provocants, les membres du clan du responsable étaient rassemblés sur un côté de l'église, indifférents. Ceux qu'il avait exclus étaient assis du côté opposé. Je fus tout surpris d'apercevoir Abu Mouhib, le policier, au premier rang avec sa femme et ses enfants. Ses trois frères se tenaient aux trois autres angles de l'église, aussi loin que possible les uns des autres. Je crois que les sœurs remarquaient aussi la tension car leurs visages étaient blêmes. Je me levai et j'entonnai le premier cantique. Avec tristesse, je pensai aux fronts plissés qui étaient le long des bas-côtés. Nerveux, j'espérais que personne ne remarquerait la bosse étrange qui gonflait ma poche sous ma chasuble.

La célébration et le sermon qui suivirent furent sans aucun doute les plus ternes de ma vie. L'assemblée des fidèles me supportait, indifférente. Elle faisait son devoir de vacances en chauffant les bancs. Alors, elle ne soupçonnait pas encore ce qui l'attendait. Tous se mirent debout pour la bénédiction de la fin de la liturgie. L'estomac noué, je levai la main puis je m'arrêtai. C'était maintenant ou jamais.

Je laissai retomber aussitôt ma main et j'allai en toute hâte vers les portes ouvertes du fond de l'église. Tous les yeux me suivirent avec curiosité. Je fermai les doubles vantaux que des ouvriers étaient venus remettre en état, tirai une grosse chaîne de ma poche, la passai entre les poignées et la fermai solidement avec un cadenas.

Retournant vers le chœur, je pus sentir la température monter de façon presque palpable. Ou bien était-ce ma propre réaction ? Je respirai profondément et me tournai vers l'assemblée.

— Le fait de vous asseoir ici ne fait pas de vous des chrétiens, commençai-je maladroitement. Ma voix sembla résonner trop fort dans le silence étonné. Les sœurs fermaient les yeux et leurs lèvres marmonnaient des prières. Vous êtes un peuple divisé. Vous vous haïssez les uns les autres, vous parlez inconsidérément et répandez des mensonges pervers. Que pensent les musulmans et les incroyants quand ils vous voient ? Ils pensent sûrement que votre religion est fausse. Si vous ne pouvez aimer votre frère que vous voyez, comment pouvez-vous dire que vous aimez Dieu que vous ne voyez pas ? Le corps du Christ est déshonoré.

L'étonnement se tourna en fureur. Le responsable trembla et parut être sur le point de s'étouffer. Abu Mouhib frappa rageusement le sol avec son pied et son cou vira au rouge. Pourtant, dans ses yeux, il me sembla percevoir un autre sentiment que la colère.

Prenant le taureau par les cornes, j'élevai la voix.

— Depuis plusieurs mois, j'ai essayé de vous unir. J'ai échoué parce que je ne suis qu'un homme. Mais il y a quelqu'un d'autre qui peut vous rassembler dans une unité véritable. Son nom est Jésus-Christ. Il est celui qui vous donne le pouvoir de pardonner. Maintenant je vais m'effacer et je vais le laisser vous donner ce pouvoir. Si vous ne pardonnez pas, nous resterons enfermés ici.

Vous pouvez vous entretuer : j'assurerai gratuitement vos funérailles.

Le silence devint pesant. Lèvres serrées, poings tendus, chacun me dévisageait comme s'il était taillé dans la pierre. J'attendis. Les minutes s'écoulèrent avec une mortelle lenteur. Trois minutes... cinq... dix... Je pus entendre, à l'extérieur, un garçon qui encourageait son âne à grimper la rue pentue et le lent clac-clac des fers. Personne encore ne broncha. Ma respiration devint imperceptible, j'avalai péniblement ma salive. Il est certain que j'ai tout cassé, me dis-je en me morigénant. J'ai détruit tout ces mois de travail... Soudain, un mouvement attira mon regard.

Quelqu'un s'était levé. Abu Mouhib, debout, se tenait face à l'assemblée des fidèles, la tête inclinée et les yeux brillants de remords. A ses premières paroles, je pus à peine croire que c'était le même policier qui m'avait traité avec tant de violence.

— Je regrette, balbutia-t-il. Tous les regards se braquèrent sur lui. Je suis le pire de tous. J'ai haï mes propres frères. Tellement haï que j'ai voulu les tuer. Plus que n'importe lequel d'entre vous, j'ai besoin de pardon.

Puis il se tourna vers moi :

— Peux-tu me pardonner aussi, Abuna ?

J'étais sidéré ! Abuna, terme affectueux et respectueux, signifie « notre père ». On m'avait donné bien des surnoms depuis mon arrivée à Ibillin. Aucun n'avait été aussi chaleureux.

— Viens ici, dis-je.

Il vint et nous échangeâmes une accolade et un baiser de paix.

— Bien sûr, je te pardonne. Maintenant, va saluer tes frères.

Ceux-ci se précipitèrent vers lui avant qu'il n'ait parcouru la moitié du bas-côté et s'étreignirent tous en se demandant mutuellement pardon.

En un clin d'œil, on ne vit dans l'église qu'un méli-mélo de personnes qui s'embrassaient et se pardonnaient. Des cousins qui ne s'étaient pas parlés pendant des années pleuraient. Les femmes demandaient pardon pour leurs méchants bavardages. Les hommes s'accusaient de mensonges volontairement nuisibles. Des gens qui, dans la rue, avaient ignoré les sœurs ou moi-même, nous suppliaient maintenant de leur rendre visite chez eux. Seul le responsable se tenait à l'écart. Il accepta mon accolade d'un air guindé. Liturgie d'amour et de réconciliation, cette seconde cérémonie se poursuivit pendant près d'une heure.

Au cours de ces joyeuses retrouvailles, je me souvins des mots de Père qui nous disait pourquoi nous devions recevoir les Juifs d'Europe dans notre maison. Et tout fort, j'annonçai :

— Nous n'allons pas attendre la semaine prochaine pour célébrer la Résurrection. Fêtons-la maintenant. Nous étions morts les uns aux autres. Maintenant, nous sommes de nouveau vivants.

Je commençai à chanter. Nos voix, cette fois, n'en firent plus qu'une, un seul chant de triomphe : « Le Christ est ressuscité des morts. Par sa mort, il a foulé la mort aux pieds et rendu la vie à ceux qui étaient au tombeau. »

On ne s'arrêta pas là. L'élan nous emporta hors de l'église, jusque dans les rues où la vraie chrétienté est chez elle. Tout au long de la journée et jusque tard dans la soirée, je me joignis à des groupes de croyants qui allaient de maison en maison dans tout Ibillin. A chaque porte, quelqu'un avait quelque chose à se faire pardonner. La miséricorde ne fut jamais refusée. Je sus désormais que la paix intérieure pouvait se transmettre d'homme à homme et de femme à femme.

Contemplant ce spectacle, je me souvins encore d'une image qui m'était venue quand j'étais gamin à Haïfa. Devant mes yeux, je voyais une église en ruine enfin reconstruite, non pas avec du mortier et des cailloux, mais avec des pierres vivantes.

11

DES MURS EN TRAIN DE S'ÉCROULER

L'église d'Ibillin ressemblait à un cadavre qui revenait du séjour des morts. Par les joyeux cantiques et les prières de Pâques, je sentis renaître le souffle impatient de la vie. Au milieu des flots de larmes, je vis, comme dans l'histoire de Lazare, des frères et des sœurs se précipiter à la rencontre les uns des autres et s'étreindre. Chaque jour, me parvinrent des dons de nourriture. Depuis ce temps, nous n'achetâmes plus aucun produit d'alimentation. La générosité de ces humbles gens se révéla sans fond. Tout de suite après les vacances, quelques membres de l'assemblée dirent que l'état de l'église nécessitait une réfection. Bientôt, une équipe d'ouvriers se mit à l'ouvrage.

Tous les matins, je me frayais un chemin parmi les échelles pour diriger les travaux. Les charpentiers refirent les plâtres qui s'effritaient. Les peintres peignirent les murs et les boiseries ; les électriciens fouillèrent les parois pour réparer les fils usés. On dressa des plans pour agrandir le presbytère et me faire un petit appartement : cette perspective m'enchanta.

Pourtant, je me rendais compte que tout cela était encore superviciel. Je savais que l'éducation était nécessaire à la vie d'un corps. Aussi, je conservais pour l'après-midi un grand programme de visites à domicile. Je rompais le pain de l'amitié afin de consolider ces liens nouveaux et délicats. Je n'ignorais pas qu'une autre étape capitale était à franchir pour qu'Ibillin soit un village réconcilié avec lui-même.

Un soir, plusieurs semaines après Pâques, nous étions assis à table, les sœurs et moi, dans notre petite cuisine de fortune. Mère Macaire posa devant moi une assiette fumante pleine de pain chaud, d'œufs, de pommes de terre et de menthe. Depuis dix mois, ces trois femmes me couvaient maternellement. Selon l'usage, nous marquâmes un temps d'arrêt pour la prière et les sœurs inclinèrent la tête.

— Mes sœurs, annonçai-je en bousculant leur routine, j'ai une question à vous poser : si Jésus-Christ lui-même se trouvait quelque part dans les rues d'Ibillin et s'il avait besoin de votre aide, que feriez-vous ?

Elles me dévisagèrent, la réponse était claire : elles se dépêcheraient de partir à sa recherche.

— Eh bien, j'ai une grande nouvelle pour vous, mesdames, répondis-je avec un sourire épanoui. Jésus en personne n'est pas à Ibillin, mais il en a envoyé d'autres. Il veut voir si nous les aiderons aussi. Ce que nous ferons au plus petit d'entre les siens, c'est à lui que nous le ferons. Et la personne qu'il envoie peut ne pas être chrétienne mais musulmane, Jésus ne nous demande pas seulement de prêcher aux musulmans, mais d'abord de leur révéler son amour. Voulez-vous allez aussi vers eux ? Nous ne pouvons pas attendre que les gens voient les choses comme nous, ni qu'ils croient, parlent et agissent comme nous. N'est-il pas plus important de montrer l'esprit de l'Évangile, plutôt que de les fatiguer avec des mots ? Pour témoigner de notre Dieu devant les musulmans, nous devons choisir... Bâtissons-nous des passerelles... ou des murailles ?

Construire des passerelles ou des murailles, cette alternative se présenta bientôt à moi, mais le choix allait s'avérer moins facile que je ne le disais.

Les sœurs n'eurent pas besoin d'autre encouragement. Elles commencèrent dès le lendemain matin à visiter les femmes musulmanes chez elles. Elles furent merveilleusement reçues. L'amour des enfants finit par combler l'espace entre nos religions. Très vite, les sœurs apprirent aux jeunes femmes à coudre, à tailler et à cuire le pain. Elles les invitèrent aux cours bibliques qu'elles donnaient aux jeunes de la paroisse et peu de temps après, elles me demandèrent l'autorisation d'ouvrir une classe de maternelle, une école pour leurs « bébés », dans le presbytère.

La tendre sollicitude de ces sœurs, tant pour les musulmans que pour les chrétiens fut comme une traînée de poudre sur les collines avoisinantes. D'autres villages me contactèrent presque du jour au lendemain pour me demander de leur envoyer des religieuses pour l'enseignement et la formation. Je ne m'étais pas attendu à cela. L'éclat d'une si petite étincelle m'étonna. Pourtant, un obstacle imprévu allait briser mon enthousiasme avant même que j'entreprenne la moindre démarche : l'évêque me convoqua en mai :

Il m'accueillit par un large sourire amical mais me pétrifia en m'annonçant :

— Toi, Élias, tu vas aller reprendre tes études à l'Université hébraïque de Jérusalem. J'ai pris certains contacts. Tu seras le premier prêtre palestinien à y être accepté. Un honneur, vraiment, un honneur ! Tout est arrangé. Tu pars dans quinze jours.

— Pour étudier ? Pouquoi ? criai-je presque. J'ai mon travail à Ibillin, là où vous m'avez envoyé. Il est en train de s'y passer des événements heureux.

— Élias, répondit-il, un peu hérissé, sais-tu combien je suis gêné lorsque je discute avec des rabbins ? Je suis sidéré de l'étendue de leurs connaissances du Nouveau Testament. Quant à l'Ancien, nous n'en savons pas autant qu'eux. Je t'envoie là-bas parce que tu étais un bon séminariste. De plus, tu connais l'hébreu et l'araméen.

J'étais en ébullition. Depuis notre renouveau du Dimanche de Pâques, la paroisse avait tellement changé. De semaine en semaine, les célébrations liturgiques s'enrichissaient de prières et de cantiques, des récents et des vieux. Il faudrait du temps pour que certaines personnes, injustement calomniées comme Habib, puissent reprendre le chemin de l'église. Seules quelques personnes, dont le responsable, s'étaient refusées à revenir.

— Tout est prêt. Tu partiras, conclut-il, en me reconduisant vers la porte.

J'étais bouleversé, car j'entrevoyais la première percée vers la réconciliation des hommes sur cette terre divisée. De nouveau, les croyants faisaient confiance à la hiérarchie de l'Église et maintenant on m'envoyait ailleurs.

Un autre changement important se développait également dans les villages de Galilée. Les mois précédents avaient vu un petit groupe de jeunes gens, originaires de Biram, se rassembler pour reconstruire notre église Notre-Dame en ruine, symbole d'espérance pour le peuple palestinien. Ils donnaient de leur temps et de leurs muscles. Ils venaient de tous les villages où nous avions été dispersés. Je travaillais aussi avec eux.

L'église d'Ibillin, les autres villages dans le besoin, les efforts de reconstruction, tout désormais devrait attendre. J'avais seulement le temps de préparer hâtivement mes affaires et de mettre sur pied un conseil de paroissiens pour prendre les décisions en mon absence et aider les sœurs à ouvrir leur école maternelle. Cela ne se fit ni sans découragement ni sans malaise.

Ni l'évêque, ni moi-même ne pouvions prévoir l'incroyable et lointain impact de mes années à l'Université hébraïque.

Le printemps 1967 ne pouvait pas être un meilleur — ou un pire — moment pour déménager à Jérusalem, la « cité de la paix ». En effet, l'heure était cruciale.

L'État juif était en déclin économique rapide. L'inflation croissait comme un cancer. Elle atteindrait bientôt cent pour cent par an à cause de la part du budget absorbée par la défense. L'espoir d'une réunification fraternelle du peuple hébreu s'effondrait. Les juifs d'Afrique et d'Asie, à peau sombre, s'entassaient dans des logements gouvernementaux semblables à des ghettos, guère plus enviables que nos villages palestiniens. Ils étaient assujettis aux travaux les moins rémunérés. Leur colère était en train de tendre la société israélienne jusqu'à ses ultimes limites politiques. Les orthodoxes, les réformés et les juifs laïcs s'attaquaient avec violence. Les juifs conservateurs pensaient que les malheurs grandissants du pays étaient la manifestation du jugement de Dieu contre la violence. Modérés et libéraux taxaient les religieux d'« obscurantisme ». Ce pays, un jour salué comme messianique, semblait incapable d'extirper la racine de ses maux.

A mon arrivée, un autre problème explosif alourdissait l'atmosphère et rendait ma présence à Jérusalem, sinon franchement dangereuse, du moins imprudente. La tension persistante entre Israël et ses voisins arabes atteignait son comble.

Pendant près de vingt ans, les réfugiés palestiniens avaient été enfermés dans des camps surpeuplés et misérables, en Égypte, au Liban, en Syrie et en Jordanie. Habitués aux travaux agricoles, ils étaient mal vus et considérés comme des marginaux inassimilables dans les nouvelles sociétés de ces pays. Les commandos, faiblement entraînés, étaient nés de la frustration. Leurs coups de main nocturnes au-delà des frontières n'avaient fait que provoquer de violentes représailles de la part de l'armée israélienne.

Les Nations unies avaient demandé énergiquement à l'État juif d'assumer ses responsabilités à l'égard des réfugiés. Israël devait offrir un choix : ou bien autoriser les exilés à rentrer dans leurs villages et leurs maisons, ou bien les indemniser pour les terres confisquées. L'Allemagne de l'Ouest n'avait-elle pas payé des millions de dommages et intérêts à Israël depuis la fin de la Seconde Guerre mondiale ? La requête semblait donc équitable. Malgré la volonté de réconciliation du Premier ministre Levi Eshkol, ses opposants à l'intérieur même d'Israël, y compris le vieux Ben Gourion, s'élevèrent furieusement contre ses pourparlers de paix avec les nations arabes. Les négociations traînèrent tout au long du printemps 1967 et la tension s'accrût dangereusement.

Soudain, le 22 mai, l'Égypte ferma le golfe d'Akaba, seule voie maritime qui permettait les importations israéliennes de pétrole en provenance du golfe Persique. Comme un garrot qui bloquait les ressources énergétiques vitales pour Israël, les bâteaux de guerre et les mines arrêtèrent les tankers qui se dirigeaient vers les ports juifs. Les routes de Jérusalem, Tel-Aviv, Haïfa et Tibériade, étaient envahies par des jeunes gens et des jeunes filles habillés en kaki. Ils portaient des armes automatiques et faisaient de l'auto-stop pour rejoindre leurs unités de réserve. Une fièvre étrange — faite de peur et d'impatience — emplissait l'atmosphère.

La guerre qui éclata dura un seul jour. Les sirènes des raids aériens hurlèrent très tôt sur la cité au matin du 5 juin. Quelques heures plus tôt, les chasseurs israéliens avaient lancé une attaque surprise dans les cieux égyptien, jordanien, syrien et irakien. Ils avaient détruit au sol près de quatre cents appareils arabes, stationnés côte à côte sur leurs pistes d'envol. La campagne du Sinaï et la bataille sur les hauteurs du Golan se prolongèrent de quelques jours seulement. La guerre terminée laissa le monde entier ahuri : la « guerre des Six Jours » ! L'excitation israélienne ne connut plus de bornes pendant des semaines.

Au matin de la fête nationale, j'étais encore en train de m'installer dans ma chambre à Jérusalem. La veille, j'avais donné mon sang pour les soldats israéliens blessés au combat, dans un hôpital local. Je me sentais encore un peu faible, mais une rumeur joyeuse m'attira dans les rues et les foules m'entraînèrent de trottoir en trottoir jusqu'à la route de Jaffa. Là, un spectacle douloureux me figea : des colonnes de soldats, de chars, de canons et de mortiers arrivaient par la route de Ramallah et entraient dans la Vieille Ville de Jérusalem, prise aux Jordaniens au cours de sanglants combats. A la vue de ces foules, ma gorge se serra.

Des centaines d'ecclésiastiques, prêtres et sœurs exultaient. L'un d'entre eux agitait une bannière sur laquelle s'étalait l'inscription : « Béni soit Celui qui vient au nom du Seigneur. » Une autre proclamait : « La prophétie est accomplie. » Tous riaient, applaudissaient et saluaient la machine guerrière comme jadis les chefs des prêtres avaient agité des palmes devant le Prince de la Paix.

Ma vue se troubla. Des larmes roulèrent sur mes joues. Je me mis à jouer des coudes pour me dégager de la foule et fuir par les rues étroites de la Vieille Ville. Je cherchai un refuge tranquille. Suivant d'instinct mon chemin au milieu des échoppes, je me glissai derrière les portes massives de l'église du Saint-Sépulcre.

Je m'effondrai sur un banc, dans la pâle lueur du sanctuaire. Mon difficile travail de réconciliation entre les chrétiens d'Ibillin semblait si fragile et si dérisoire au regard du spectacle que je venais de voir. Je comprenais l'amour des chrétiens pour les juifs. Je les aimais aussi. Mais au lieu de réclamer une solution juste de ce conflit, mes frères chrétiens applaudissaient la puissance destructrice. Et puis pourquoi oubliaient-ils les réfugiés qui souffraient dans des camps ?

Engourdi, je fixai le tombeau au centre de l'immense église. Entouré d'encensoirs dorés et de candélabres, il ressemblait à un coffret à bijoux en marbre. Je pensai aux paroles du Christ lors de sa résurrection. Trois fois, Il avait dit à ses disciples : « La paix soit avec vous. » Et le Seigneur ressuscité, qui avait proclamé la réconciliation entre Dieu et l'homme, leur avait dit aussi : « Comme mon Père m'a envoyé, moi aussi, je vous envoie. »

Qu'est-ce qui était le plus important : préserver ces pierres saintes ou rechercher la paix et la dignité des hommes ? Ne fallait-il pas plaider et se battre pour elles si c'était nécessaire ? Qui donc serait mendiant de la paix, si les chrétiens refusaient cette tâche ?

Peut-être une heure après, je me levai pour partir, accablé par le sentiment que tous mes efforts étaient vains et que tous mes espoirs, tous mes rêves s'étaient évanouis. Je pensais avec tristesse que deux jours plus tard, je serais avec les étudiants juifs et les professeurs de l'Université hébraïque. J'avais plutôt l'envie d'aller me cacher, me perdre à Ibillin. Un instant, j'ai songé à fuir définitivement ce pays. Peut-être qu'après tout le Jésus de mon enfance n'était pas suffisamment puissant pour chasser du cœur des hommes la haine et la violence.

Son message de paix ne s'adressait peut-être qu'à ceux qui venaient s'asseoir sur les bancs des églises, tranquilles et contemplatifs.

En sortant, je remarquai les mots inscrits dans le marbre, au-dessus de ma tête : « Il n'est pas ici. Il est ressuscité. » Plus tard, je devais repenser à ces deux phrases, profondément gravées dans ma mémoire, et réaliser qu'elles étaient étonnamment prophétiques.

L'accueil reçu à l'Université me désarma totalement. Le premier jour, je jouai nerveusement des coudes, mes papiers d'inscription à la main, dans les couloirs archi-pleins. Au premier bureau, une jeune secrétaire juive prit mon dossier, l'examina, me regarda et me demanda :

— Vous êtes Élias Chacour ?

— Oui.

— Vous êtes Palestinien ?

Je fus aussitôt sur mes gardes. Mon interrogatoire au port d'Haïfa, deux ans auparavant, était toujours présent dans ma mémoire. Si elle m'avait demandé d'entrer dans une pièce fermée, j'aurais été prêt à démolir la salle et à quitter Jérusalem.

— Oui, je suis Palestinien.

De nouveau, elle jeta un coup d'œil sur mes papiers, écrivit quelques lignes et me les rendit :

— Soyez le bienvenu, me dit-elle alors, avec un chaleureux sourire.

Durant tout le premier semestre, la bienveillance des professeurs et des étudiants ne cessa de m'étonner. On m'encouragea, on me pria même d'exprimer mon point de vue. Je découvris alors que ces hommes et ces femmes étaient intellectuellement intègres et sincères. Je dus admettre ma profonde surprise. J'espérais que cela dépassait le stade de la politesse conventionnelle.

Un professeur allait devenir très rapidement un camarade : il s'appelait David Flusser. Le hasard voulut que je sois tout un semestre son seul étudiant en patristique grecque. Très érudit dans ce domaine, Flusser était également très compétent pour tout ce qui concernait les écrits et les enseignements des anciens Pères de l'Église. Plus que tous ceux que je connaissais et que je connaîtrais, il semblait parfaitement indifférent à ma qualité de Palestinien, sans doute parce que la sagesse des âges lui avait donné une sorte d'amour de tous les hommes.

C'était précisément cet amour qui nous entraînait dans des discussions qui débordaient largement les horaires normaux. N'étant que tous les deux, nos « classes » avaient habituellement lieu dans son modeste appartement où l'archéologie, la religion et la politique, arrosées par d'innombrables tasses de café, faisaient bon ménage. Le problème palestinien vint lentement, doucement, à la surface, jusqu'au jour où, vers la fin du semestre, il frappa sur la table et me fit sursauter :

— Dieu a voulu que la terre d'Israël soit une bénédiction pour toutes les nations, pour tout le monde. Pas seulement pour quelques-uns !

Avec délicatesse, je poussai plus loin :

— Alors, vous pensez que... vraiment... pour les Palestiniens aussi ?

— Tout le monde, insista-t-il. L'histoire le veut ainsi. Non seulement notre passé, mais également notre besoin de paix pour l'avenir.

Rentrant à pied à la maison après le cours, les mots de Flusser résonnaient encore à mes oreilles. L'économie israélienne ne pouvait longtemps résister aux colossales dépenses faites dans les seuls armements. Son commentaire à propos de l'histoire réveillait le souvenir de mes recherches parisiennes. J'avais alors conclu que les Juifs n'étaient pas tous hostiles aux Palestiniens. Beaucoup avaient été furieux de la politique obtuse du gouvernement. Ce fait à l'époque m'avait paru une clé importante. Aujourd'hui, mon amitié avec Flusser et d'autres qui lui ressemblaient, me prouvait que c'était vrai. Je pensais en moi-même : Si seulement toute la nation d'Israël et le monde entier pouvaient comprendre que les Juifs et les Palestiniens peuvent vivre ensemble quand ils commencent à se traiter mutuellement avec dignité.

A mon insu, cette prière était déjà en train d'être exaucée d'une étrange manière. Étudiant palestinien, je passais pour une curiosité. A ce titre, je fus bientôt invité à des réceptions et à des cocktails dans des cercles restreints où se retrouvaient des dirigeants politiques et religieux européens, asiatiques et américains. On me présenta à des ambassadeurs, à des diplomates, à des ministres influents, à des prêtres. Je rencontrai également des grands rabbins de Jérusalem et de l'étranger qui me reçurent chaleureusement. Ravi que ces hommes puissants acceptent d'aborder le problème palestinien, je ne pouvais cependant, au fur et à mesure que je discutais m'empêcher de m'interroger sur la qualité de leur intérêt. Ils semblaient tous sympathiques. Néanmoins, il fallut qu'un long temps s'écoule avant que je constate les effets de ces discussions.

Tout cela ne veut pas dire que tout le monde acceptait poliment ma présence à Jérusalem. Au moment même où je sentais que le fil de la paix commençait à m'unir à des frères juifs comme le professeur Flusser, il allait précisément être de nouveau tiré jusqu'à son point de rupture.

En 1968, au cours de ma seconde année d'études, Flusser organisa dans le département d'études bibliques un symposium spécial pour les étudiants, sur le thème de l'étude comparée du concept de l'amour dans le judaïsme, l'islam et le christianisme. Son véritable but, me confia-t-il, était de promouvoir la compréhension entre ces groupes que les revendications religieuses sur la terre d'Israël jetaient, comme des chiens, à la gorge les uns des autres. Par ses remarques préliminaires, Flusser dénonça, lors de ce symposium, quelques sentiments couramment entretenus.

Debout devant son auditoire, il commença par affirmer que « le concept judaïque de l'amour est exprimé lors de la conquête de Jéricho. Josué détruisit, au nom de Dieu, le peuple de Jéricho, parce qu'il aimait son propre peuple ».

Il fit ensuite un bref commentaire à propos de l'islam, puis nous surprit tous en poursuivant : « L'amour chrétien semble être un amour impossible. Quelque chose de merveilleux à voir. C'est l'amour du Crucifié qui dit : « Père, pardonne-leur car ils ne savent pas ce qu'ils font. »

Aussitôt, un jeune étudiant nommé Greenberg bondit :

— Vous, Flusser, cria-t-il, vous êtes un juif perverti. Vous donnez l'impression que le christianisme est supérieur au judaïsme !

Un silence mortel et embarrassé tomba soudain. Flusser répliqua doucement :

— Pas du tout, Moshé. Je suis seulement en train d'essayer de vous dire ce que je comprends de mes lectures.

Greenberg insista :

— Pour moi, l'amour de Josué est le seul véritable amour, car il inflige le châtiment.

Un tumulte s'éleva, ainsi que des murmures et des cris de colère. Une bouffée de chaleur envahit mon visage et je m'agrippai aux bras de mon fauteuil.

Un autre étudiant se leva, au milieu du désordre.

— Moshé, dit-il d'une voix suppliante, il semble que ta pensée doit toujours conduire à la violence, que tu dois toujours écraser tes opposants. Avec une telle logique, que ferais-tu de nos Arabes israéliens ?

Greenberg le regarda d'un air glacial, puis jeta un coup d'œil dans ma direction.

— J'agirais en conséquence.

Dans la salle, une douzaine d'autres étudiants élevèrent des murmures d'approbation.

Ce fut plus que je n'en pouvais supporter. Poursuivi par l'un des plus âgés, je quittai la pièce en hâte.

— Ne pars pas, Élias... je t'en prie, dit-il en me prenant par le bras. Nous changerons de sujet de discussion.

— Votre discussion ne m'intéresse pas, rétorquai-je en m'emportant brusquement. Je veux que vous changiez de mentalité !

J'essayai de dégager mon bras, mais il serrait fort.

— Élias, nous pouvons changer de mentalité. Nous abandonnerais-tu si vite à notre sort ?

Sa voix était autoritaire.

Ses mots devaient plus tard me stimuler. Je n'étais pas homme à abandonner. J'avais exprimé mon point de vue aussi ouvertement que j'osais le faire. J'avais travaillé dur au milieu de mon peuple. J'avais prié tous les jours pour la réconciliation des Palestiniens et des Juifs. Qu'y avait-il de plus à faire ?

Au fur et à mesure que s'avançait le semestre de l'automne 1968, les tensions judéo-palestiniennes m'inquiétaient. Après la guerre de 1967, les groupes de *fedayin* qui attaquaient Israël depuis plusieurs années, se regroupaient sous le nom d'Organisation de libération de la Palestine. Un homme allait surgir et tenter de les diriger. Il se nommait Yasser Arafat.

Je fus peiné. Pourquoi ne s'était-il dressé aucun chrétien pour parler au nom de mon peuple ?

A ce moment, Joseph Raya croisa mon chemin. Je fus convoqué, en octobre, pour rencontrer l'évêque, nouvellement élu, de toute la Galilée. Ma déception n'avait pas été mince en apprenant que ce Raya, libano-américain originaire de quelque coin du sud des États-Unis, avait été choisi comme mon nouvel évêque.

Quand on m'introduisit dans son bureau, je me mis en devoir de le saluer à la manière qu'attendent beaucoup de prélats, mais il m'arrêta :

— Je ne suis pas là pour cela, me souria-t-il. Je vous en prie, asseyez-vous et racontez-moi ce qui arrive à tout ce peuple de Galilée.

Il avait bien dit tout le peuple, et non simplement les chrétiens melkites. Naturellement, je commençai par lui parler de mon travail à Ibillin. Il me fixait, tout en arpentant la pièce. La vitalité de ses plus petits mouvements le faisait paraître bien plus jeune que ne l'indiquaient ses cheveux grisonnants et ses traits mûrs. Si je m'arrêtais, il me pressait de continuer par ses pertinentes questions : Qu'en était-il de mes relations avec les juifs ? Que se passait-il chez les musulmans ? Chez les druzes ? Notre Église aidait-elle les chômeurs ? Quelle était la situation dans les villages palestiniens ?

Ayant dit tout ce que je savais, je m'arrêtai, essoufflé. Monseigneur Raya faisait toujours vigoureusement les cent pas.

— Et quel est, d'après vous, le besoin le plus grand ?

— L'espoir, répliquai-je. Les Palestiniens ont besoin de l'espoir d'un avenir. L'espoir que nous pourrons nous réconcilier un jour et vivre à nouveau dignement.

Il médita cette pensée. Ce fut alors que je m'aventurai à raconter brièvement l'histoire de Biram et d'Ikrit, et nos efforts pour reconstruire l'église du village.

— C'est exactement cela, dit-il, tandis qu'une idée jaillit dans sa tête. Nous ferons une démonstration de notre bonne volonté. Nous reconstruirons le village tout entier.

Sa naïveté me fit frémir. Poliment, je tentai de lui expliquer que l'unique raison pour laquelle on nous avait permis de restaurer l'église tenait à la politique gouvernementale qui autorisait la réfection de tout monument religieux. Secouant la tête, j'ajoutai :

— J'ai bien peur qu'ils ne nous laissent pas soulever une seule pierre pour reconstruire nos maisons.

Sa réponse me renversa presque :

— Ils ne nous arrêteront pas, dit-il, rayonnant d'enthousiasme, si nous reconstruisons avec des pierres vivantes.

Je m'étais complètement fourvoyé en prenant Monseigneur Raya pour un naïf. Avant la fin de cette conversation, j'appris la véritable histoire de cet homme. Il avait été pour la première fois nommé à Birmingham, en Alabama, en 1950. La situation des Noirs américains n'y avait pratiquement pas changé depuis l'époque de l'esclavage. Les lynchages secrets et la haine ouverte sévissaient encore. Malgré les menaces et les jets d'eau froide, un jeune ministre noir nommé Martin Luther King commença à prêcher son rêve d'égalité et de justice. Raya devint un bon ami de King, priant et marchant à ses côtés à Birmingham, à Selma, puis à Washington.

Il arrivait en Galilée avec le même zèle, le même amour des parias. J'étais bouleversé, heureux. Mes espoirs, qui s'étaient fanés, se ranimèrent à sa flamme comme du petit bois sec. Peu de temps après notre rencontre, nous fîmes un projet : rassembler pour un meeting pacifique à Biram, quinze cents personnes qui représenteraient la population du village au moment de sa destruction. Notre seul but était de montrer au gouvernement israélien que les Palestiniens désiraient retourner dans leurs maisons pour y vivre en paix. Monseigneur Raya commença à faire circuler la consigne parmi les prêtres et les notables des villages. Et moi, je contactai des oncles, des cousins et d'autres anciens villageois de Biram.

Tandis que j'achevais mes études à Jérusalem en 1970, nous décidions d'organiser en août un camp de six mois dans les ruines de Biram. Rentré à Ibillin, je repris mes activités pastorales, aspiré par le tourbillon final des dispositions à prendre. Un grand nombre de jeunes nous avaient supplié de leur permettre d'accompagner nos quinze cents supporters enthousiastes. Aussi, en plus des prévisions pour la nourriture, l'eau, les tentes et le matériel sanitaire, je dus m'assurer qu'un nombre suffisant de professeurs se joindraient à nous, car notre manifestation devait déborder sur l'année scolaire.

Au mois d'août, je me sentis épuisé : des mois de prévisions, de réunions, d'appels téléphoniques et de courrier avaient eu raison de moi. Pendant des semaines, je n'avais dormi que trois ou quatre heures par nuit, malgré les recommandations attentives des sœurs qui me conseillaient le repos. Tandis que j'accompagnais d'Ibillin à Biram un autocar chargé de volontaires, je me sentais très excité.

Monseigneur Raya était arrivé à Biram avant nous. Il faisait ranger les premiers cars sur le terrain. Quand je sortis de l'autobus, je devais, à ses yeux, ressembler à l'Apôtre Jean émergeant à peine de ses révélations célestes, car il me dit en souriant :

— Élias, reviens sur terre. Tes pieds ne touchent même pas le sol.

Il avait raison. Je me sentais hors du monde, comme dans une vision. La chaude matinée d'été cédait la place à une fraîche soirée. Aidant les volontaires à s'installer parmi les pierres écroulées et les charpentes, je courais partout. La nuit tombait. Un souvenir vibrant me poursuivait : des voix mêlées de rires ; des femmes qui faisaient la cuisine sur des feux de bois ; des garçons et des filles qui jouaient de nouveau sous les oliviers. Des bus arrivaient encore, suivis de centaines de Palestiniens, vague après vague... ma mémoire s'agitait...

J'étais redevenu un petit garçon, seul au bord de la Méditerranée, le visage mouillé par l'écume salée et les pieds léchés par les vagues. Puis, comme dans un rêve éveillé, aveuglant, j'avais vu Biram revenir à la vie et être submergé par une marée humaine...

Maintenant, tandis qu'un mince quartier de lune se profilait au-dessus des sombres hauteurs à l'orient, je voyais mon rêve devenir réalité.

Pendant des mois, tandis que l'automne rafraîchissait insensiblement les collines, nous avons prié, joué, mangé et dormi dans la nature, sous les étoiles. Les brusques pluies, suivies par des vents froids qui gémissaient et s'engouffraient sous les cèdres, nous trempèrent. Dès le début, les médias avaient envoyé des photographes et des journalistes qui firent bourdonner l'État d'Israël tout entier des échos de notre manifestation.

Chose que je n'avais imaginée, certains regards avaient commencé à se braquer secrètement sur nous, guettant notre premier et moindre faux pas.

Durant le camp, Monseigneur Raya me prit à part, au matin d'un jour glacial et me dit, en frottant ses mains devant un feu :

— Élias, depuis que Dieu nous a créés, nous nous sommes agenouillés pour prier. Pendant tellement longtemps, nous avons considéré la prière comme une cachette pour parler à Dieu en privé, de nos problèmes. Mais il y a aussi un temps pour laisser de côté nos « exercices de spiritualité » et pour aller au-devant de notre frère qui a quelque chose contre nous. Cela aussi, c'est une prière, une intercession véritable qui exige le pardon et un solide amour de Dieu.

Je compris que ces mots cachaient quelque plan.

Sur mes gardes, je demandai :

— Où voulez-vous en venir ?

— C'est une bonne chose d'avoir réuni ces gens, dit-il, en montrant d'un large geste tous les manifestants des alentours. C'est pour eux une première marche d'espoir. Mais les Juifs ont aussi besoin d'un espoir de paix. Il est temps de défiler dans Jérusalem, de donner à nos frères juifs la chance de marcher à nos côtés, de montrer ensemble au monde que nous sommes tous opposés à la violence, que nous voulons tous la dignité humaine.

Quelque chose de confus dans ses paroles provoqua en moi un mouvement de recul. Était-il fou ? Son bureau, c'est vrai, avait été inondé par des centaines de lettres, d'appels téléphoniques et de télégrammes de rabbins juifs et d'autres citoyens israéliens. On nous l'avait dit, chaque jour voyait arriver davantage de sacs de courrier qui submergeaient les secrétaires et la grande majorité se prononçait en faveur d'une solution pacifique entre les Juifs et les Palestiniens. Il semblait que le cœur de beaucoup de Juifs était avec nous. Mais je ne pouvais croire qu'ils nous soutiendraient ouvertement dans une marche pour la paix.

Il avait dû lire mes pensées, ou du moins l'expression de mon visage. Fixant les flammes, il reprit :

— Je ne vais pas te mentir. Cette forme d'intercession implique toujours un risque.

J'inspirai une profonde bouffée d'air froid et j'expirai un soupir glacé.

— D'accord ! Nous marcherons ensemble. Vous dirigerez et moi je suivrai. Au moins, ils en auront deux à arrêter, répliquai-je à la légère.

— Oh non ! dit Raya en éclatant de rire. Tu n'as pas compris mon idée. Je n'ai pas dit que je dirigerai. J'apporterai mon concours à l'organisation et je défilerai. Mais c'est un Palestinien qui doit être en tête.

Il tapota mon épaule.

Il fallut presque dix-huit mois pour organiser la marche. Lorsque la manifestation de Biram prit fin, je rentrai à Ibillin et commençai à écrire à des amis de l'Université hébraïque et à d'autres relations juives à Jérusalem. Leurs réponses signifiaient un appui solide. Néanmoins, elles provoquèrent en moi un profond malaise, telle cette lettre que je reçus d'un grand rabbin.

Il était terriblement consterné, écrivait-il, par la position notoirement intransigeante de Golda Meir vis-à-vis des Palestiniens en Israël. Par ses « réformes foncières », elle était en train de confisquer de plus en plus de terres cultivables. Peu de temps après son accession au pouvoir, des journalistes lui avaient demandé quelle réponse elle donnerait aux Palestiniens en quête de justice. Elle répliqua : « Qu'est-ce qu'un Palestinien ? Ça n'existe pas[1] ! »

Mon ami rabbin poursuivait par ces mots étonnants :

— Nous qui cherchons Dieu, nous sommes terrifiés car votre histoire est semblable à celle de Naboth et Jézabel. Beaucoup parmi les rabbins que je connais ont peur que Golda Meir, comme Jézabel, « se soit vendue pour faire du mal » à votre peuple.

Mon cœur bondit, mais plus loin, je pus lire :

— Lorsque vous défilerez, écrivez sur vos pancartes : « Golda Meir est en train d'assassiner la justice. C'est la Jézabel moderne. » Toutefois, se hâtait-il d'ajouter, je vous serais obligé de ne pas dire que cela vient de moi.

Mal à l'aise, je laissai tomber la lettre sur la pile de courrier qui recouvrait mon bureau. Toutes ces missives et ces dons en espèces étaient magnifiques. Mais quel genre de soutien pouvions-nous réellement espérer de nos frères juifs quand il s'agirait de défiler dans les rues de Jérusalem ?

Je crus défaillir. Plusieurs milliers d'amis palestiniens s'étaient engagés à marcher avec nous. Même Père et Mère songeaient à venir en bus de Gish. Tandis que je pensais à mes parents, entrés maintenant dans leur septième décennie et atteints par les premiers tremblements de la vieillesse, et aux autres marcheurs pleins d'espoir, un frisson me parcourut : je me souvins des jets d'eau froide d'Alabama, des chiens policiers et des matraques... Qu'arriverait-il si Monseigneur Raya et moi étions en train de mener notre peuple dans un traquenard ?

Tôt dans la matinée du 13 août 1972, notre armada d'autobus progressait lentement le long des routes qui montaient vers Jérusalem. Nous nous garâmes à un endroit repéré d'avance sur la route de Jaffa dans les environs de la cité, car nous avions choisi pour

1. Rapporté dans le *Sunday Times*, Londres, 15 juin 1969. Cité dans Dimbleby, p. 10.

notre marche le même chemin qu'avait emprunté le défilé de victoire en 1967. L'air suffocant me saisit tout entier à la descente de l'autobus et le soleil, déjà brûlant à travers la brume légère, ne fut pas seule cause des gouttes de sueur qui dégoulinaient le long de mes tempes.

D'autres cars venaient de différentes régions. Les marcheurs, presque tous des Palestiniens, en sortaient pour déplier leurs jambes et se mêler gaiement à des vieux amis et à des parents d'autres villages. La *jeep* et le mégaphone que nous avions prévus arrivèrent. Il était déjà 9 heures 20, soit quarante minutes exactement avant le commencement de la marche.

Monseigneur Raya me tapa sur l'épaule. Quand je me tournai, il lut immédiatement mon regard :

— Fais confiance, Élias, dit-il avec un sourire calme. Nous avons risqué. Maintenant tout est entre les mains de Dieu.

Les minutes passèrent. Comme j'attendais, Mère et Père sortirent d'un des autobus. Ses cheveux blancs cachés par le *keffieh* habituel, Père descendit lentement les marches. Mère suivit. Ses jambes s'étaient affaiblies, mais son pas était encore assuré. Nous nous embrassâmes. J'aurais tant souhaité qu'ils restent en sécurité à la maison.

— Tu es soucieux, Élias, dit Père dont les yeux bleu clair scrutèrent les miens.

Mère me prit le bras.

— Je me suis inquiétée pour toi, mais seulement parce que tu travailles trop.

Je faisais semblant d'ignorer ses propos, mais elle poursuivit :

— Tu travailles trop. Pourtant je n'ai pas fait tout ce trajet pour te dire cela.

— Élias, reprit Père, tu ne nous en voudras pas si nous ne faisons pas la marche avec toi, n'est-ce pas ? Pendant que tu seras en train de prier pour la paix dans les rues, nous resterons ici dans le bus et nous parlerons à quelqu'un de bien plus important que n'importe quel membre du gouvernement. Nous prierons ici.

A ce moment, je ressentis pour eux un grand élan d'affection. Je leur fus reconnaissant de cette décision. Alors qu'ils faisaient retraite dans leur bus, je me demandais avec inquiétude ce qu'il en serait de la participation de nos amis de Jérusalem.

Quelques minutes plus tard, plusieurs véhicules s'arrêtèrent, d'où surgirent entre quinze et vingt professeurs de l'Université hébraïque. J'allais les saluer quand je remarquai d'autres voitures tourner au coin de la route de Jaffa. Quelques instants après, ils arrivèrent à pied par paquets de douze à la fois. Dans la foule croissante, d'autres professeurs apparurent, portant à soixante-dix le nombre des sympathisants de l'Université. Au même moment, d'autres personnes nous rejoignirent, des groupes de musulmans et de druzes qui avaient entendu parler de la manifestation. Et c'est alors que mon cœur battit la breloque.

Mégaphone en main, je grimpai nerveusement dans la *jeep* et je mis rapidement les marcheurs en colonnes. Debout, face à la foule informe, je vis une scène qui me noua la gorge. Près de la *jeep*, Monseigneur Raya, des prêtres et des rabbins priaient le même Dieu, la tête inclinée. Un jeune Juif tenait une pancarte où l'on pouvait lire : « Justice pour Biram et Ikrit » et « Justice pour les Palestiniens ». Plus loin, chrétiens, juifs, musulmans et druzes ne faisaient qu'un. Nous étions Un pour cette cause, prêts à mendier tous ensemble la paix. Tandis que le chauffeur mettait la *jeep* en marche, je remarquai qu'un certain calme s'était emparé de moi. Mes jambes ne flageolaient plus. Pourtant, à la pensée de toutes les questions explosives que soulevait notre manifestation, je me demandais comment nous serions reçus.

La foule devint plus dense au fur et à mesure que le cortège avançait, bloc par bloc, vers le cœur de Jérusalem. A dix heures, les trottoirs étaient noirs de monde. Malgré les cordons de protection installés par la police le long de notre itinéraire, un nombre grandissant de gens vinrent grossir nos rangs. Nous arrivions à la *Knesset*, notre objectif. J'éprouvai le vif sentiment d'unité qui parcourait le cortège, maintenant fort de près de huit mille personnes. Le dernier soupçon d'inquiétude se dissipa ; il semblait que la majeure partie de la ville était derrière nous.

Entourés de photographes et de journalistes amis, nous nous réunîmes sur les grands escaliers de pierres de la *Knesset*. Mitraillant de leurs pellicules des jeunes Juifs en *yarmulke* et des Palestiniens plus âgés en *keffieh*, assis côte à côte, les photographes semblaient ébahis. A cet instant, Monseigneur Raya fit savoir qu'il sollicitait une entrevue solennelle avec Golda Meir pour discuter de la réconciliation entre Israël et le peuple palestinien. Si elle ne voulait pas le recevoir, nous attendrions, aussi nombreux que possible, en jeûnant et en priant.

Pendant quatre jours, alors que le terrible soleil du mois d'août brillait sur le trottoir d'un éclat éblouissant, nous fûmes des centaines à attendre. Pendant la nuit, nous priions ou dormions sur les marches. Beaucoup, surtout parmi les plus âgés comme Père et Mère, rentrèrent dans leurs villages. J'étais profondément ému que nous puissions prier et jeûner ensemble pour la paix de Jérusalem, mais la *Knesset* continuait de nous montrer sa façade fermée et silencieuse comme la pierre.

La demande d'audience de Monseigneur Raya auprès de Golda Meir resta lettre morte. Le gouvernement continua de nous ignorer, malgré les paroles du chef de la police de Jérusalem citées par la presse : il affirmait que notre manifestation d'unité était de loin la plus extraordinaire qu'il avait jamais vue en Israël. Au bout du quatrième jour, je luttais encore contre le découragement. Nous demandâmes cependant de mettre un terme au jeûne.

Comme la foule se dispersait, je gagnai mon bus, découragé. Un professeur d'université m'arrêta :

— Élias, qu'est-ce qui ne va pas ? Tu n'es pas content ?

Avant même d'entendre ma réponse, il se retourna et me montra la *Knesset* du doigt :

— Regarde là !

Au sommet des marches se tenait un important rassemblement de jeunes, hommes et femmes. A leurs habits variés, on pouvait reconnaître des chrétiens, des juifs, des musulmans et des druzes. Ils se tenaient par la taille.

— Tu vois, Élias, me dit-il, le changement est là. Il est dans le cœur des gens. Même si c'est lent ! « Le droit et la paix se sont embrassés » ajouta-t-il, en citant le psaume. Et c'est toi qui nous a réunis. Tu es un fils de Dieu.

Nous étions presque arrivés à Ibillin. Le fracas du car m'avait tenu éveillé, tandis que mes yeux fixaient sans but un point dans l'obscurité, au-delà de la fenêtre. C'est alors qu'une voix intérieure — était-ce seulement la mémoire ? — me rappela les paroles du professeur. Lui, un Juif, m'avait dit : « Tu es un fils de Dieu. » Et cette même voix me remit soudain à l'esprit une phrase que je connaissais bien : « Heureux les artisans de paix... » Des murs étaient en train de s'écrouler.

12

« TRAVAILLEZ... CAR LA NUIT TOMBE... »

Oubliant momentanément le monceau de lettres qui s'empilaient devant moi sur le bureau, je levai la tête et j'écoutai. Un rire fusa de la pièce voisine où Ghislaine était en train d'instruire un petit groupe remuant de tout jeunes bambins. Quelques semaines seulement venaient de s'écouler depuis la marche dans Jérusalem et l'école était en bonne voie. Faiblement, par la fenêtre près de mon bureau situé dans la pièce du fond, je pouvais entendre la répétition de chorale de Nazarena dans l'église. J'avais fêté mon trente-deuxième anniversaire peu de temps auparavant. Les enfants y avaient ardemment participé. D'ordinaire, ces bruits me faisaient sourire car ils témoignaient de ce que j'en étais venu à appeler : « mon histoire d'amour avec Ibillin ». Mais ce matin-là, les chants et le rire ne convenaient pas du tout à mon humeur.

Je sortis et me mis à arpenter le jardin. La vigne d'Habib avait poussé, épaisse et abondante, étendant son feuillage sur un treillis de bois. Je saisis une des feuilles entre mes doigts : Mère Macaire aurait pu faire quelque plat savoureux mais elle était partie. L'âge, le dur labeur et nos difficiles conditions de vie avaient usé sa santé déjà faible. Elle avait consacré six bonnes années à Ibillin. Elle nous avait quittés quelques semaines seulement auparavant.

Cependant, sa mort n'était pas la seule chose qui me travaillait tandis que je marchais à grands pas entre les nouvelles rangées de fleurs. Mon bureau couvert de lettres de soutien venant aussi bien de Juifs que de Palestiniens me disait qu'une première passerelle de réconciliation avait été jetée à la suite de notre marche pour la paix.

Cependant, j'avais le sentiment que les pierres avaient été mises en place sans mortier. Des milliers et des milliers de Palestiniens luttaient encore pour leur survie dans des conditions d'existence extrêmement précaires, sans instruction, voués aux travaux les plus mal payés ou bien chômeurs. Il n'était pas surprenant qu'ils se soient indignés : ils ne pouvaient pas espérer gravir l'échelle sociale. La discussion au sujet de la réconciliation serait inutile si leur situation ne s'améliorait pas. Comment pouvais-je commencer à leur faire franchir le pont avec moi ?

Rendant visite à Monseigneur Raya, plusieurs semaines après, pour un pur motif apostolique, je m'aperçus que lui aussi paraissait inquiet. Il arpentait son bureau avec sa vivacité coutumière, comme un lion vieillissant. Quelque sentiment secret assombrissait son visage.

— Y a-t-il quelque chose qui ne va pas ? demandai-je.

Il me regarda droit dans les yeux, marqua un temps de pause et expira profondément.

— Oui, malheureusement ! J'ai reçu de Rome un visiteur très en colère.

Notre marche avait attiré l'attention internationale grâce aux médias. Immédiatement, l'un de nos cardinaux les plus puissants, siégeant à Rome, s'était envolé pour Israël et avait rendu visite à notre évêque sans crier gare.

— Le cardinal était furieux, presque délirant, dit-il. Il a exigé que je ne me mêle pas des événements de la rue et que je me cantonne aux affaires de l'Église. Il ajouta que sa pire phrase avait été : Qu'avez-vous à vous occuper de ces damnés de Palestiniens ?

Monseigneur Raya balaya toutefois l'argument d'un mouvement de sa main.

— Cela ne change rien. Je suis encore là et je ne suis pas à la veille de vivre dans le confort ou la peur pendant que des gens souffrent.

Et puis, dit-il en changeant brusquement de sujet, je ne devrais pas me soulager de mes fardeaux sur toi, quand manifestement, tu es soucieux. Tu es inquiet depuis l'instant où tu as franchi cette porte. Élias, qu'est-ce qui ne va pas ?

Je haussai les épaules.

— La marche est terminée. Nous avons passé un bon moment de fraternité. Que faisons-nous maintenant ?

Il plissa pensivement ses lèvres.

— Tu m'as dit un jour que les Palestiniens avaient besoin d'espoir. Tu as pu te rendre compte du nombre de Juifs qui nous soutiennent. Il y a là un espoir. Mais tu dois continuer à affermir les Palestiniens. Ils sont comme des moutons sans berger.

— Je sais, ils ont besoin de quelqu'un qui les unisse. Ils ont besoin de travailler à un but commun. Nos jeunes ont besoin d'avoir confiance dans l'avenir. Ils doivent apprendre qu'ils sont des citoyens utiles et productifs. Ils en voudront toujours aux Juifs s'ils ne sont pas formés à se respecter eux-mêmes.

Monseigneur Raya hocha la tête.

— Très juste. En aidant des hommes à être dignes, debout, on commence à détruire les préventions.

— Ce serait facile, grommelai-je, si nos communautés étaient déjà unies, si nous avions de bonnes écoles. Mais nos enfants travaillent dans des bâtiments délabrés, sur des livres périmés.

— Élias, répondit-il avec un innocent sourire, il faut parfois travailler et suer si l'on veut devenir un artisan de paix. Et pas seulement se contenter de parler. Construisez vous-même vos communautés ! Construisez vous-mêmes vos écoles !

En reprenant la route d'Ibillin, j'étais triste. Que me suggérait-il donc ? Faire jaillir magiquement des bâtiments, des livres et des professeurs à partir du néant ? Avec tout le travail qui pesait sur mes épaules, j'en écartai fermement l'hypothèse.

Deux années entières allaient passer avant que l'idée ne me traverse à nouveau l'esprit. En plus de mon travail à Ibillin qui avait fleuri au cours de mes sept années de présence, je m'étais jeté dans un autre projet, peu de temps après notre retour de Jérusalem.

D'autres villages de Galilée avaient demandé que j'envoie des sœurs vivre et travailler avec la population.

J'avais finalement choisi sept des villages les plus pauvres et j'avais promis d'étudier ce que je pourrais faire. Avec l'enthousiaste permission de Monseigneur Raya, j'avais convenu avec Mère Joséphat d'envoyer vingt-et-une jeunes femmes de sa communauté, trois dans chaque village, pour de courtes « vacances apostoliques ». Elles devraient enseigner les rudiments d'hygiène, du travail domestique et utiliser leurs petites compétences sanitaires. De plus, elles devraient apprendre l'écriture aux jeunes. Nous n'eûmes aucun mal à trouver des volontaires, grâce à l'enthousiasme soulevé par Ghislaine et Nazarena.

L'amour et la bonne volonté de ces jeunes femmes contaminaient les villages. Au début de 1973, le village de My'ilia m'invita à un « gala » en l'honneur des trois sœurs que les villageois avaient très vite adoptées. Une petite estrade de fortune se dressait au centre de l'agglomération et une foule d'hommes, de garçons et de femmes avec leurs bébés se pressaient déjà, au moment de mon arrivée.

Je m'assis au milieu des sœurs et d'un aréopage de dignitaires locaux, prêts pour les remerciements et les discours d'usages. Pour ne pas me décevoir, un petit homme solide se leva et se répandit en un hommage décousu. Près de moi, les jeunes femmes rougirent d'humilité.

— Avant que les sœurs n'arrivent, personne ne prenait soin de nous. Maintenant, nous ne voulons pas qu'elles partent. Aussi, nous avons recueilli une grosse somme d'argent pour Abuna Chacour et ses sœurs, si celles-ci décident de rester, dit-il en me regardant d'un air rayonnant.

Les autres notables hochèrent la tête en guise d'approbation. Mais, je me posai une question. Permettre aux sœurs de rester ne faisait pas de problème : nos conversations m'avaient appris que leurs cœurs avaient trouvé ici un foyer. Mais l'argent était comme un scorpion que je ne voulais pas toucher. Ces gens, comme d'autres villageois, avaient depuis longtemps senti que l'Église aimait trop l'argent. Cependant, refuser un don était un outrage selon nos coutumes, comme une insulte.

L'orateur était en train de me mettre une épaisse enveloppe dans les mains. Je bondis et grimpai sur le podium.

— Mes amis, vous êtes généreux, commençai-je délicatement, vous êtes trop généreux. Nous ne pouvons accepter votre argent.

Un murmure de malaise s'éleva de la foule et le petit homme près de moi me rétorqua vertement :

— C'est un don, Abuna. Tu ne peux refuser...

— Mais je refuse, insistai-je.

L'amour-propre de ce village était en jeu !

— Le pain et les olives suffisent à ces jeunes femmes. Elles sont venues ici en servantes et elles voient Dieu dans vos visages.

« Et ceci, dis-je énergiquement, agitant l'enveloppe au bout de mon bras, ne les paye pas en retour. Donner de l'argent à l'Église ne peut pas remplacer l'amour. Vous devez donner plus que cela. Vous devez aussi être prêts à servir. »

Au fur et à mesure que je parlais, la suggestion de Monseigneur Raya au sujet des constructions à entreprendre revint à ma mémoire. Un plan se dessina dans ma tête. Je poursuivis.

— Le cadeau que nous accepterons de grand cœur est un engagement à servir. Vous aussi, vous devez donner vos mains et vos échines pour travailler, non pour nous, mais pour vos enfants. Nous utiliserons cet argent pour monter une bibliothèque où vos enfants commenceront à aiguiser leurs cervelles. Et il y a plus encore !

A voir s'esquisser les sourires, je compris soudain que la foule était avec moi.

— Nous allons entreprendre la construction d'un centre communautaire, un lieu d'apprentissage et d'amitié pour tout le village. Nous aiderez-vous ? Donnerez-vous votre temps, vos mains et vos échines ? Je suis tout prêt à donner les miens mais je ne peux pas construire tout seul.

Le défi prit comme un feu et la foule éclata en applaudissements. Immédiatement, leur honneur sauf, toute la bande des dignitaires se leva et m'embrassa.

— Nous donnerons nos mains et notre argent, annonça fièrement mon petit ami.

Toutes joyeuses, les sœurs restèrent. La chambre de leur petite maison qui donnait sur la rue fut bientôt remplie du plancher au plafond par des rayonnages entiers de livres neufs et usagés pour la bibliothèque.

Durant les deux années suivantes, les hommes, les femmes et les jeunes sacrifièrent joyeusement certaines de leurs heures de liberté pour construire leur centre communautaire. Je retournais à My'ilia trois ou quatre fois par semaine pour aider et superviser. Je sentais que la dignité du village s'élevait à chaque couche de parpaings.

Un événement vint troubler l'enthousiasme. Très tard une nuit d'été, quelques hommes qui retournaient chez eux par les rues obscures entendirent un fracas qui venait d'un bâtiment presque achevé. Ils se précipitèrent jusqu'à la porte ouverte, juste à temps pour apercevoir deux ou trois silhouettes s'enfuir dans la nuit et quitter My'ilia.

A l'intérieur, les villageois trouvèrent les fenêtres brisées et des seaux de peinture renversés.

Nous n'attrapâmes jamais les vandales mais la question demeura lancinante : qui étaient-ils ? Afin de parer à d'autres incidents, nous postâmes des veilleurs. Et la construction se poursuivit.

Pour moi, néanmoins, le vrai travail était encore à faire. Dans ces centres, je prévoyais des séries de conférences et des films qui aideraient à promouvoir l'unité du village. Plus encore que des constructions matérielles, je voulais construire un pont de compréhension avec nos frères juifs.

Un autre défi se présenta pour moi avant que je puisse poursuivre ces projets.

Certains ecclésiastiques que j'avais rencontrés à l'Université hébraïque avaient rapporté dans leurs patries des renseignements au sujet d'un certain Palestinien chrétien dont les paroles faisaient quelques étincelles. Tandis que les travaux se poursuivaient lentement à My'ilia, je reçus plusieurs invitations d'Églises aux Pays-Bas et en Allemagne : elles désiraient m'entendre parler de la paix. En roulant vers l'aéroport, j'étais encore embarrassé. Prêtre inconnu desservant de pauvres paroisses de Galilée, qu'avais-je à dire à des Européens sophistiqués ?

Lony et Franz se jetèrent à mon cou dès mon atterrissage. Je ne les avais pas vus depuis neuf ans. Wolfgang était maintenant un grand garçon de quatorze ans qui me tenait fermement la main. Il avait deux ravissantes petites sœurs, Rita Maria et Michelene.

Après un échange de plaisanteries, Wolfgang me surprit. Son regard paraissait trop intense et trop interrogateur pour un adolescent. Il me demanda soudain :

— As-tu entendu parler de la course aux armements nucléaires ?

Franz, qui était en train de charger mon sac dans la voiture, secoua la tête.

— Qui donc va rendre le monde à la raison, Élias ?

Tandis que nous roulions vers la maison, il me parla de la peur contagieuse qui, telle une épidémie des âges sombres, pesait sur l'Europe : on la désignait sous le nom d'holocauste nucléaire.

Bien sûr, je savais que les États-Unis et les puissances alliées installaient des missiles à têtes nucléaires un peu partout en Europe, des armes de mort pointées vers la Russie. Les Russes ne faisaient pas mystère du fait que leurs propres armes visaient aussi bien les bases américaines qu'européennes. Lony et Franz m'apprenaient maintenant le désespoir étouffant qui régnait parmi les jeunes Européens.

— Beaucoup d'entre eux sentent qu'il n'y a pas de réponse, pas d'espoir.

Avec ces mots dans la tête, je savais que je m'adressais à des hommes, à des femmes et à des jeunes excédés par la rhétorique politique, l'opportunisme et les promesses non tenues. Pourtant, devant chaque foule, je ne pouvais commencer que par les mots qui m'avaient longtemps captivé :

— Heureux les artisans de paix...

En m'adressant simplement à eux, je leur disais que le chemin d'un artisan de paix était dur, qu'il exigeait beaucoup d'indulgence, l'amour des ennemis. Mes auditeurs semblaient avoir les yeux rivés sur moi lorsque je parlais des écoles et des centres communautaires que j'espérais construire dans toute la Galilée, comme une tentative pour restaurer la dignité de mon peuple.

Le résultat surpassa mes plus vastes espérances. De leur côté, les dirigeants religieux m'émerveillèrent par leurs promesses de soutien financier. Les jeunes m'étonnèrent davantage encore. Sur le champ, beaucoup d'entre eux se portèrent volontaires pour consacrer leur temps et leur travail pour aider les villages de Galilée. J'étais reconnaissant au-delà de toutes paroles. Avant mon départ d'Allemagne, les Églises songeaient à envoyer ces volontaires aussi vite que possible.

En Hollande, le résultat fut plus surprenant encore. Où que je me rende à travers cette campagne verdoyante et veinée de canaux, je rencontrais un peuple simple et franc, également affamé de paroles de paix. Ils étaient avides d'un exposé vrai concernant la situation du peuple palestinien.

Un ami m'introduisit auprès du cardinal Alfrink, un des responsables du mouvement international de la paix nommé *Pax Christi*. A son tour, le cardinal me surprit en me ménageant une rencontre avec la princesse Béatrix qui devait bientôt devenir la reine de Hollande. Je fus ému aux larmes lorsque, à cette extraordinaire réception, le Premier ministre m'accueillit avec un immense bouquet de roses dont le nombre correspondait à celui des années d'exil des Palestiniens.

En rentrant à Ibillin, je connus une excitation sans bornes. Les Églises allemandes avaient promis de l'argent et des jeunes travailleurs. Les Églises hollandaises avaient également promis des volontaires. L'Église réformée de Hollande et le puissant Comité de coordination des Églises s'étaient aussi engagés à verser des fonds substantiels. Un producteur de télévision m'avait même obligé à envisager un documentaire intitulé « Une journée de ma vie en Galilée » pour la télévision nationale des Pays-Bas.

Lorsque Nazarena et Ghislaine m'accueillirent, très inquiètes de me voir si fatigué, je compris que mon excitation avait une autre cause : un nombre de plus en plus impressionnant de gens étaient en train de devenir de véritables artisans de la paix, non seulement pour leurs propres pays, mais pour l'avenir de toute l'humanité. Je n'étais pas seul.

Mon périple en Europe fut une lumière au milieu de la tension croissante, dans et autour d'Israël. Le Moyen-Orient subit pendant plusieurs années de nombreux assauts contre les efforts de paix quels qu'ils soient. Les plus horribles de tous furent le meurtre de onze athlètes israéliens par un groupe de *fedayins* extrémistes aux Jeux olympiques de Munich et la guerre du Yom Kippour de 1973, troisième conflit important du Proche-Orient en vingt-cinq ans. L'O.L.P., chassée de Jordanie par le roi Hussein, s'était installée au paisible Liban. De là, elle tramait ses raids et ses détournements d'avions. Luttant encore contre les symptômes sans diagnostiquer la vraie maladie, le gouvernement israélien lançait en toute tranquillité un plan de représailles. En premier lieu, pour chasser l'O.L.P. du Liban et l'écraser à tout prix. En second lieu, pour resserrer sa mainmise sur les Palestiniens à l'intérieur d'Israël.

Je tentai cependant d'ignorer les mesures gouvernementales prises contre nous : les « réformes » foncières qui arrachaient aux villages palestiniens de plus en plus de terres arables, les couvre-feux injustifiés et longs parfois d'une semaine, particulièrement sur la rive occidentale et à Gaza, pendant la période cruciale des semailles ou des moissons. Lors d'une méditation solitaire, une autre parole de Jésus me saisit : « Travaillez... car la nuit tombe... » Je travaillerai.

Pendant l'été 1974, je mis toute mon énergie au service de la construction d'un autre centre communautaire dans le village de Fassutah. Quelques-uns des premiers jeunes Européens étaient arrivés pour un été de travail volontaire. Ils apportaient avec eux les finances promises. Nous nous mîmes aussitôt à la tâche.

Un matin, je m'étais rendu à Fassutah pour distribuer le courrier d'Europe à plusieurs volontaires, lorsqu'un groupe de garçons du village se pressa autour de ma voiture.

— Nous avons parlé à tes amis hier soir, Abuna, cria l'un d'eux en se glissant à moitié dans le véhicule par la portière. Ils étaient deux. Ils ont posé beaucoup de questions : toutes à propos de toi et du centre. Ils voulaient savoir à quoi il servirait.

Il continua. Je ressentis un malaise à propos de ces hommes qui se présentaient eux-mêmes comme « des amis ». La seule description que purent m'en faire les garçons était si vague qu'il pouvait s'agir de n'importe qui du pays.

On ne revit pas ces fantomatiques amis. Alors, je classai l'incident. Comme à My'ilia, mon attention était toute occupée par la merveilleuse transformation des habitants de Fassutah. Les dirigeants prévoyaient déjà d'autres réalisations plus importantes au fur et à mesure que le centre sortait de terre : une bibliothèque et peut-être une école. Les intuitions de Monseigneur Raya se révélaient exactes. Avec de l'aide et un but commun, les dos courbés de ces gens se redressaient. En travaillant ensemble, ils construisaient bien plus que des murs et des fenêtres. Ils étaient en train de retrouver leur dignité, première étape sur le chemin vers une citoyenneté à part entière.

L'année suivante débuta par la même frénésie qui m'avait agité à mon retour d'Europe. Le travail augmentait encore et les volontaires allaient bientôt arriver en plus grand nombre. J'eus la chance que plusieurs hommes de la paroisse d'Ibillin soient devenus des collaborateurs actifs. Abu Mouhib, le premier, n'était plus le policier hargneux qui se pavanait dans les rues, mais un frère digne de confiance. Bien que j'assure toujours des services et que je participe aux décisions de la communauté, je m'en remettais à leur jugement pour certaines affaires pendant que j'étais occupé dans d'autres villages. En 1975, un appel me vint de Gish.

A la différence des villages situés plus au sud qui possédaient des aménagements scolaires limités, Gish était si reculé qu'il avait peu à offrir à d'éventuels instituteurs, seulement des manuels très usagés. Il fallait donc construire une école de toute urgence.

Comme Père et Mère avaient vécu à Gish vingt-huit longues années après notre expulsion de Biram et qu'ils avaient été de vrais parents pour beaucoup d'enfants, je m'attendais à un grand soutien et aussi à une période agréable, facile.

Tel ne fut pas le cas. Un premier problème survint lorsque Monseigneur Raya me téléphona : il avait besoin de me voir d'urgence. Son visage était blême lorsque j'entrai dans son bureau.

— Je vais être direct, Élias. La hiérarchie de l'Église vient de me nommer ailleurs. Je pars sous peu au Canada.

Ce fut un coup pour moi. Dans bien des Églises, les mutations d'ecclésiastiques n'avaient rien d'anormal. Mais, dans le cas de Monseigneur Raya, je sentais que les raisons invoquées étaient toutes fausses. Il avait récemment vendu quelques-uns des nombreux terrains qui appartenaient à l'Église à de pauvres fermiers pour un prix très, très bas. Il était clair que la hiérarchie était aussi affolée par la perte de sa *terra sancta* que par le franc-parler de Monseigneur Raya. Aussi, elle le mutait.

— Ne t'affole pas, dit-il, tandis que ses traits s'illuminaient. Ce n'est pas le Seigneur que tu perds. D'autres sont derrière toi, d'autres voient tes objectifs.

Quelques semaines plus tard, il était parti. Malgré ses assurances, la situation commença à tourner au vinaigre.

Il s'avéra que les projets et les plans de construction tracassaient le nouvel évêque, parce qu'ils échappaient à son contrôle. L'aide apportée par des musulmans à la construction de l'école de Gish et l'autorisation donnée à des enfants musulmans de la fréquenter, provoquèrent une vive discussion. A contrecœur, je proposai de me retirer complètement du projet, faisant confiance aux habitants pour prendre les décisions. Les habitants n'en voulurent rien savoir. Grâce à leur insistance, l'évêque donna finalement sa bénédiction.

Un accident presque fatal me choqua bien davantage. Cet été-là, sept jeunes Allemands étaient venus pour travailler à l'Académie Saint-Chrysostome de Gish ; c'était ainsi que nous avions baptisé notre première école. Les travaux allaient bon train. Un jour, nos « amis » fantômes se manifestèrent à nouveau.

Gish étant très loin d'Ibillin, je m'y rendais moins souvent chaque semaine. Un matin d'août, de très bonne heure, un coup de téléphone urgent me demanda instamment de venir pour régler un problème concernant l'école. Je raccrochai impatiemment, car ce jour-là, j'avais des affaires pressantes à régler à Ibillin. Je filai, un peu trop imprudemment, vers la haute Galilée.

Lorsque j'entrai dans Gish, un groupe de jeunes gens, Allemands et Palestiniens, était rassemblé à l'extérieur de la carcasse de l'école. Revêtus de leurs vêtements de travail maculés de peinture et bottés, ils me traînèrent presque hors de la voiture.

— Abuna, dit l'un des jeunes Allemands, nous avons eu la visite de rôdeurs cette nuit. Nous avons entendu des bruits, mais arrivés ici, nous n'avons vu personne. Et ce matin, voici ce que nous avons trouvé.

Il montra quelque chose par terre. La pluie était tombée au cours de la nuit. La terre battue et boueuse était parsemée d'empreintes fraîches qui faisaient le tour du bâtiment et conduisaient à l'intérieur.

— Nous n'avons pas vu si on a volé ou saccagé. Il valait mieux t'appeler...

Je n'écoutais pas. J'étais furieux. En colère à cause de cet incident qui ressemblait aux précédents. Tout semblait calculé pour semer la peur. Que voulaient ces rôdeurs ? Étaient-ils les mêmes que ceux qui semblaient me poursuivre de village en village ? Qui étaient-ils ? J'étais en colère contre moi-même pour avoir oublié de poster un guetteur.

Comme un taureau chargeant, je me précipitai pour examiner les déprédations éventuelles à l'intérieur du bâtiment. J'attrapai le support principal d'un immense échafaudage, je me balançai par-dessous pour entrer.

— Abuna ! Non !

Je me retournai brusquement pour regarder les garçons qui avaient vu, trop tard, que le support avait été forcé, mis hors de son emplacement. Dans la seconde qui suivit, d'énormes planches chargées de briques et de seaux de mortier s'abattirent sur moi avec un bruit sourd. Je fus atteint à la nuque et projeté dans la boue, loin de l'échafaudage qui s'effondrait.

Étourdi, je haletais. Les garçons m'entourèrent, m'appelèrent. Tandis qu'une sorte de brouillard s'éclaircissait devant mes yeux, je me relevai. Les mains pleines de boue, je tâtai précautionneusement ma tête meurtrie. Je retirai ma main rougie de sang. Soudain, mes yeux me brûlèrent. Je me sentis défaillir.

Les garçons me mirent debout. Une fois stabilisé sur mes pieds, je refusai leur aide et, pressant d'une main un linge contre ma blessure, je me rendis seul en voiture chez un médecin voisin qui me fit plus de deux douzaines de points de suture pour refermer la plaie. Furieux de mon accablante négligence, j'en voulus aux hommes, peu importe leur identité, qui essayaient de m'intimider. Cependant, je ne capitulerai pas.

Peut-être aurais-je dû reconnaître en ces événements la main apaisante qui semblait vouloir me calmer. Je suivais ma propre voie avec une détermination obstinée, en me rendant à peine compte que les dispositions intérieures qui me conféraient la stabilité — ces dispositions que, précisément, j'enseignais à mon peuple — étaient dangereusement menacées. L'achèvement d'un confortable appartement qui m'était destiné au-dessus du presbytère ne m'incitait même pas au repos. Nazarena me scrutait de ses yeux sombres et attentifs et Ghislaine hochait la tête à la façon d'une grand-mère. Toutes deux se rendaient compte que j'étais en train de devenir un homme bourru, hargneux et surmené.

Quand l'école de Gish fut terminée, deux années plus tard, trois activités majeures me préoccupaient. La première était la construction d'un Centre de la Paix à Ibillin.

Lorsque nous posâmes ses fondations en 1977, le monde entier croyait à la possibilité d'une solution pacifique au Moyen-Orient : c'était le fameux pélerinage du président Sadate à Jérusalem. Une foule d'Israéliens l'accueillirent joyeux, en pleurs et affamés de paix après des années de combats. Mais la paix était bien loin. Avant même l'arrivée de Sadate, le Premier ministre Begin déclara à la presse que le président égyptien demanderait une solution au problème palestinien, mais que toute autre solution que la situation présente était à exclure. Lorsque, deux ans plus tard, les deux hommes d'État signaient les accords tant applaudis de Camp David, leur « solution » au sujet du problème des Palestiniens était si ambiguë qu'elle allait s'avérer inutile.

Au moment où Jérusalem s'apprêtait à pavoiser aux couleurs égyptiennes pour accueillir le président Sadate, je compris que les accords politiques ne pouvaient pas changer les cœurs. Mon travail dans les centres communautaires était donc plus urgent que jamais si la réconciliation devait un jour ou l'autre se produire. J'inaugurai chacun de ceux-ci par la projection du film, Le *Journal d'Anne Frank,* afin que les jeunes palestiniens puissent comprendre les horreurs endurées par les Juifs sous les Nazis et pardonner. J'y vis également une manière efficace de mise en garde contre tout usage de la violence. Le film provoqua toujours des larmes, car cette histoire aurait pu être celle de beaucoup de filles de Palestine.

Le second projet était un camp de jeunesse. Depuis mes années à Paris, j'avais souvent ressenti les besoins des jeunes Palestiniens. Les garçons n'avaient pour tout loisir que les interminables parties de football. Et les filles, obligées d'aider aux tâches domestiques, avaient peu de possibilités de distraction. Aussi avais-je invité des jeunes de plusieurs villages à venir camper sous les oliviers d'Ibillin pour trois semaines d'activités sportives, de sorties au bord de la Méditerranée et d'enseignement des Écritures. A ma grande joie, les cinq cents jeunes gens que nous attendions devinrent une troupe de onze cents garçons et filles. Pour moi, chacun d'eux était une nouvelle pierre vivante du grand pont de la compréhension que je voulais bâtir.

En troisième lieu, depuis mes premières tournées de conférences en Europe, les invitations n'avaient pas cessé. En chacune, je voyais une occasion exceptionnelle d'enseigner les Béatitudes, de proclamer le message de paix et de parler au monde de notre vie en Galilée. Je fis plusieurs voyages, en commençant par les divers pays d'Europe continentale. Une émission de la télévision hollandaise et quelques articles de revue au sujet de mon travail avaient provoqué beaucoup de réactions positives. En plusieurs pays, plus tard en Irlande, je participai aux marches du mouvement *Pax Christi*. J'élevai ma voix avec les leurs contre la peur d'une destruction nucléaire et du militarisme. Une autre fois, je fus invité en Inde où je lus les paroles de Jésus non seulement devant des chrétiens, mais devant plusieurs milliers d'hindous.

Enfin, mes voyages devaient me conduire aux États-Unis et au Canada. Malgré le privilège de faire une causerie à l'université de Harvard, mon plus grand soutien dans ces pays, vint du fait que bien des rabbins m'invitèrent à parler devant leurs assemblées. A Washington D.C., par exemple, je fus l'hôte personnel du rabbin Eugene Lipman du Temple Sinaï, et à Chicago, je m'adressai à un groupe assez important de la congrégation K.A.M. Isaiah Israël, dirigée par le rabbin Arnold Jacob Wolf. J'étais heureux et reconnaissant lorsque beaucoup de ces rabbins prenaient congé en ne m'assurant pas seulement de leurs prières mais en me remettant des dons en argent pour mes œuvres.

Je puisais ainsi des encouragements comme un homme assoiffé

qui tire des gouttes d'eau d'une outre en peau. Dans l'ensemble du Proche-Orient, la situation politique était fluctuante, et j'oscillais entre l'espoir et la peur.

Quelque malheur couvait au-delà des frontières libanaises. En 1978, suite à une guerre civile de deux ans, la prétendue milice chrétienne libanaise se battait encore contre les musulmans. Profitant de la tourmente, l'O.L.P. s'était retranchée plus profondément et la Syrie intervenait maintenant directement contre elle. Je pressentais également quelque chose de plus grave, car Israël pensait envoyer une « force de paix », ce qui ne cessait pas de m'inquiéter. Un grand nombre d'Israéliens par ailleurs étaient inquiets car la paix leur avait semblé proche et les groupes populaires pacifistes, comme « La Paix maintenant », « Courage et Paix » et d'autres, s'opposaient avec force à un engagement militaire.

Tandis que le monde entier observait nos oscillations entre la paix et la guerre, la direction de ma vie bifurqua brusquement.

En janvier 1980, j'étais de nouveau en train de mettre au point un projet pour nos jeunes, car en trois ans, les camps d'été s'étaient gonflés jusqu'à atteindre quatre mille personnes originaires d'Acre, sur la côte, jusqu'au lointain village de Gish. Je plaçais mes plus grands espoirs dans ces garçons et ces filles. Ils m'offraient mes plus belles récompenses. Par exemple, un groupe d'enfants musulmans m'avait offert un plateau d'argent, à la fin d'un camp, sur lequel était gravé : « Merci, Abuna. Tu nous as appris comment aimer le Christ. »

Mais l'été était encore bien loin. Un autre projet excitant me trottait dans la tête. Avec une incessante fascination, nos jeunes m'incitaient à leur parler de Biram et d'Ikrit, devenus légendaires, chaque fois que je travaillais avec eux. Tout en leur décrivant notre passé, les prières de Père, les histoires de Mère, le rythme d'une vie plus facile, je souhaitais, vraiment profondément, trouver un lieu de repos et de tranquillité, car ma vie était devenue un véritable tourbillon. A mon grand plaisir, mes jeunes amis écoutaient, leurs visages également illuminés par le vague désir d'un tel lieu. En ces gosses, je voyais une possibilité de franchir la passerelle de la réconciliation.

Un mois plus tard, par une matinée froide et piquante, je gravissais la côte menant à Biram. Nous étions le 23 février, jour spécial pour planter des arbres en Israël. Derrière moi, près de quatre cents jeunes palestiniens, filles et garçons, trottaient avec entrain en portant chacun un plant d'olivier. Nous allions planter nos arbres parmi les ruines comme un signe de paix à l'égard du gouvernement. J'avais envoyé des invitations personnelles à des membres de la *Knesset* et j'espérais qu'au moins quelques-uns viendraient.

Mon esprit s'échauffait tandis que nous gravissions le flanc de la colline, parmi les arbres, sous les nuages blancs et gris qui galopaient dans le ciel. J'allais montrer Biram à mes jeunes amis. L'église, désormais reconstruite, avait été repeinte l'été précédent par plusieurs jeunes allemands, et j'avais installé un nouveau carillon dans son clocher. Je sonnerai... A ce moment mon cœur bondit.

Au détour d'une forte courbe de la route, j'aperçus une herse, des barbelés et une douzaine de *jeeps*. Derrière le barrage, des soldats aux poitrines barrées par leurs armes.

Derrière moi, les pas s'arrêtèrent, hésitants. Je ne me retournai pas. J'avançai vers la herse avec mon petit olivier.

— Laissez-nous passer. Nous sommes venus avec des branches d'oliviers et non des fusils.

Posté derrière la barrière, l'officier répliqua durement :

— Allez-vous-en. Nous avons l'ordre de ne pas vous laisser passer.

— Pourquoi ? demandai-je.

— Ce sont les ordres. Vous n'avez pas besoin d'autres raisons.

Plus haut, en remontant la colline, à l'endroit où la route serpentait hors de Biram en direction du Liban, je pouvais entendre le ronflement des moteurs de camions. Que faisaient-ils ?

— Nous sommes venus avec des intentions pacifiques, dis-je le plus calmement possible. Et vous, pourquoi êtes-vous venus ici ?

Son regard resta immuable.

— Je crains que cela ne vous regarde pas. Partez.

Des centaines de paires d'yeux croisèrent les miens lorsque je me retournai. Un moment auparavant, ils brillaient d'espoir. Maintenant, la lumière était éteinte.

Tard cette nuit-là, seul dans mon logement, je méditais devant le double d'une lettre que j'avais envoyée au Président de la *Knesset,* Yitzhak Shamir, accompagnée d'un cadeau-surprise de presque quatre cents oliviers. Dans ma mémoire dansaient les visages inoubliables des jeunes marcheurs. Je les avais menés à une passerelle et nous ne pouvions pas la traverser. Le pourrions-nous jamais ?

« Et qu'est-ce que cela peut faire ? » La pensée me surprit. Je savais qu'elle rôdait depuis des mois au bord de ma conscience. Faisant la liste des actions accomplies : écoles, bibliothèques, centres communautaires, amis attentionnés de par le monde, j'essayais de la combattre.

J'avais quarante ans et j'en sentais tout le poids. Pendant plus de trente ans, j'avais travaillé et prié pour une cause. J'étais épuisé et soudain, j'avais envie d'en finir. Le sentiment que l'on guettait mes actes était devenu trop fort.

Las, je me levai de ma chaise, j'éteignis la lumière et je me mis au lit. Cela prendrait peut-être un temps assez considérable, mais je pouvais commencer une nouvelle vie centrée sur moi-même.

13

LE COLLIER DE MÈRE

Le soleil matinal était déjà brûlant. J'avais mal à la tête. C'était en juillet 1981. Une fois encore, je gravissais une colline près de Biram. Cette fois, je ne portais pas un olivier, mais un cercueil.

Mère était morte. Elle nous avait quittés, paisiblement, dans son sommeil.

L'âge avait finalement contraint Mère et Père à déménager de Gish à Haïfa, afin de se rapprocher de ma sœur et de mes frères. La dernière volonté de Mère était d'être enterrée à Biram. Cela me peinait qu'elle soit morte si loin de la maison qu'elle avait, jusqu'à la fin, espéré retrouver. Atallah, Musah, Rudah et moi déposâmes son cercueil près de la tombe, puis nous rejoignîmes Père, Wardi et une centaine d'autres parents et amis en larmes.

Par inadvertance, ma main glissa dans ma poche et rencontra le précieux souvenir que Mère m'avait donné. Savait-elle sa mort si proche quand elle m'offrit ce petit trésor ? Je tripotai les formes familières, les colombes et les poissons de son collier bien-aimé. Un jour, elle m'avait surpris en le dégraffant et en le glissant dans ma main.

— Sois fort, Élias, m'avait-elle dit. Ce que tu fais, c'est important. Surtout pour les jeunes.

« Accorde-lui le repos, O Seigneur... »

Pendant que le prêtre psalmodiait, je laissai vagabonder mon regard par-dessus l'assistance en deuil et je fixai les montagnes derrière lesquelles s'étendait le Liban. Lorsque j'étais venu ici, plus d'un an auparavant, j'avais conclu qu'il n'existait pas de repos pour nous en cette vie. La marche avortée avec les oliviers n'était pas la seule raison de ma conviction. Un incident récent bien plus terrifiant me revenait en mémoire...

J'avais été requis par le patriarche pour une mission apostolique et je me rendais au Liban. A mon insu, un guetteur caché composait un numéro de téléphone au moment où je présentais mes papiers au poste frontière.

En hâte, je hélai un taxi et pris vers le nord la direction de Beyrouth. Le chauffeur entama un monologue à bâtons rompus sur les récentes escarmouches et les difficultés endurées par sa famille dans la tourmente politique du Liban. J'écoutais poliment, lorsque l'horizon déchiqueté de Beyrouth apparut au loin.

Dans la banlieue de la ville, nous nous arrêtâmes à un feu rouge. Tandis que je me penchais en avant pour indiquer la direction au chauffeur, la porte arrière près de moi s'ouvrit soudain.

— Sors !

Un homme sombrement vêtu hurla, en pointant une carabine automatique à quelques centimètres de mon visage.

— Vite, ou je tire.

Un autre homme armé se plaça près de la fenêtre du chauffeur et braqua son arme sur le pauvre bougre.

— Ferme-la, grogna-t-il. Si tu racontes ce que tu as vu, nous te retrouverons. D'un geste automatique, je saisis ma valise et les deux hommes me poussèrent sur le siège arrière d'une vieille guimbarde qui s'était arrêtée près de nous, aux feux. Ils se glissèrent de part et d'autre de moi. Écrasant l'accélérateur, le chauffeur fit crisser les pneus sur la chaussée.

— Qui êtes-vous ? demandai-je, désespérément. Je voulais paraître brave, mais ma voix chevrota. Où m'emmenez-vous ?

— Ferme-la, grogna l'homme qui m'avait extrait du taxi.

— Dites-moi seulement ce que vous attendez de moi. Je ne suis pas un criminel. Je suis ici en mission apostolique...

— Ferme-la, rugit-il. Son visage rongé par la barbe devint rouge de colère. Il m'injuria furieusement. Je n'osai plus ouvrir la bouche.

Pendant près d'une heure, mes ravisseurs me promenèrent à

travers la ville. Si leur intention était de me désorienter, c'était peine perdue. J'étais trop secoué pour remarquer quoi que ce soit d'autre que les fusils encore armés et prêts à faire feu.

Près de Beyrouth-Ouest, ils tournèrent à angle droit dans une rue pleine de décombres, au milieu d'immeubles en ruine. Oisifs, des hommes et des femmes étaient assis sur des marches, tandis que nous passions en trombe devant eux. Soudain, je réalisai que cet endroit, plus minable que tout était un des camps de réfugiés. Pourquoi m'emmenaient-ils là ?

Nous nous arrêtâmes devant un immeuble à deux étages dans une rue déserte et ils me sortirent de la voiture.

— Tu n'auras pas besoin de ça, grogna l'un des hommes, en m'arrachant ma valise.

Nous grimpâmes des marches. Le canon d'un fusil frappa désagréablement mes reins. Pris de panique, je pensai : ils vont me tuer et personne ne le saura.

Mais ils me poussèrent dans une pièce qui n'était qu'un cube de ciment. Ils n'entrèrent pas. Ils claquèrent la porte derrière moi. Au milieu, se dressait une table, flanquée d'une chaise de part et d'autre. Tremblant, je m'assis et je reposai mon front sur la table.

Pendant un moment, je tentai de prier. Les seuls mots qui me vinrent aux lèvres furent ceux du Psaume 33 :

> Voici, l'œil de Yahvé est sur ceux qui le craignent, sur ceux qui espèrent son amour, pour préserver leur âme de la mort...

Comme les minutes passaient, je répétai ces paroles de réconfort. Bien qu'ignorant totalement si mes ravisseurs allaient ou non m'abattre et jeter mon cadavre dans un quelconque immeuble, la sérénité m'envahit.

Presque une demi-heure plus tard, la porte s'ouvrit violemment. Levant les yeux, je vis entrer un petit jeune homme bien habillé qui se donnait de l'importance. Il était suivi de deux hommes armés. Sur sa hanche, battait un pistolet. Il s'approcha lentement et s'assit sur la chaise en face de moi, en me dévisageant d'un regard sans expression.

Sans cesser de me fixer, il finit par me demander froidement et sans détours :

— Que venez-vous faire au Liban ?

— Je suis melkite, répondis-je. Je me rendais chez le patriarche lorsque vos hommes...

— La vérité ! cria-t-il, en me faisant sursauter. Je veux la vérité. Vous vous appelez Chacour, mais qui êtes-vous vraiment ?

Étonné, effrayé même qu'il sache mon nom, je me rendis compte que ce petit coq n'était pas une brute ordinaire. Il appartenait à une organisation. Il avait un pouvoir.

Il passa les quarante-cinq minutes suivantes, alternativement à me flatter et à me brutaliser, parfois avec une impatience qui frisait la furie. Je ne comprenais pas pourquoi il m'interrogeait sur des questions d'ordre militaire. Je le lui dis. Les hommes armés, à la porte, devenaient nerveux. Étrangement, je ne me départissais pas de mon calme. J'avais pris suffisamment d'assurance pour le défier.

— Voyons, dis-je en le fixant carrément. Je m'appelle Élias Chacour. J'ai des cousins dans un camp près d'ici. Nous avons été chassés du nord de la Galilée. Ma famille habitait Biram, où...

— Biram ? demanda-t-il, soupçonneux. Si c'est vrai, parlez-m'en. Qui connaissiez-vous là-bas ?

Tout heureux, je nommais les *muktars* du village et une douzaine de familles. Je décrivis l'arrivée des soldats. Au moment où je commençai à lui parler de mon travail quotidien dans les villages, les écoles et les centres communautaires, il m'arrêta.

— Ça suffit, dit-il tranquillement. Je vous crois.

Il ordonna aux hommes de baisser leurs fusils.

— Veuillez accepter nos excuses, Abuna, pour vous avoir fait peur. Si vous désirez venir vous asseoir dans mon fauteuil, je répondrai à toutes vos questions.

Sans hésiter, je commençai à ouvrir le feu :

— Qui êtes-vous ?

Aussi respectueux maintenant qu'il avait été agressif auparavant, il répliqua :

— Je suis commandant dans l'O.L.P. et vous devez comprendre que nous craignons beaucoup pour nos femmes et nos enfants.

— C'est la raison pour laquelle vous vous livrez au kidnapping ?

— S'il vous plaît, Abuna. Laissez-moi terminer, poursuivit-il. Nos services de renseignements ont appris que quelque trois cents traîtres sont entrés au Liban. Ils ont ordre de mettre le feu aux églises et aux mosquées afin de dresser chrétiens et musulmans les uns contre les autres. Mais nous savons qu'il y a une autre raison.

Une fois le Liban dans la tourmente, ils nous balaieront et nous tueront, pas seulement nous, mais aussi nos femmes et nos bébés.

J'écoutai, encore trop bouleversé pour comprendre ce prétendu plan qu'il était en train de me révéler.

— Aussi, nous vous avons suivi dès l'instant où vous êtes entré dans le pays. Je devais vous faire arrêter par mes hommes pour vous interroger.

— Mais que se serait-il passé si je n'avais pas parlé de Biram ? Qu'est-ce que vous auriez fait de moi ? Qui aurait su que vous m'aviez emmené ici ?

— Personne, répliqua-t-il d'un ton neutre. Absolument personne.

J'eus soudain envie de quitter cette pièce, d'être loin de ces hommes désespérés et désespérants. Je ne voulais pas poser davantage de questions. Ayant demandé si je pouvais partir, ils me conduisirent poliment à la voiture. Le commandant demanda :

— Où pouvons-nous vous conduire, Abuna ?

— Laissez-moi simplement à l'extérieur du camp, dis-je, en essayant de ne pas trahir mon impatience. Je saurai bien retrouver mon chemin.

Comme nous nous dirigions vers la sortie du camp, je remarquai un groupe de petits garçons qui jouaient au ballon parmi les ordures. Avec toute l'innocence de la jeunesse, ils riaient et criaient. Hormis leurs vêtements miteux, ils auraient pu être des enfants de n'importe quel autre pays du monde.

Quand, enfin, la voiture se gara contre un trottoir tout au bout de la rue, je saisis ma valise et sortis. Même s'il me fallait marcher quelque peu, je me dis qu'il serait toujours possible de retrouver un autre taxi.

— Au fait, dis-je, en me tournant vers le chauffeur, comment s'appelle cet endroit ?

— Il s'appelle Sabra, répliqua-t-il.

Les funérailles de Mère étaient terminées. Wardi aida Père à s'installer dans une voiture, le pressant pour lui éviter la chaleur du soleil et je montai à ses côtés. Nous serpentâmes par les collines. Je m'énivrai de la beauté des plantations de cèdres, des ruisseaux qui cascadaient même au cœur de l'été. Près de moi, Père avait belle allure, malgré son deuil. Je ne lui avais pas encore fait part, pas plus qu'à quiconque, de ma décision.

Bien des fois, les visages de mes kidnappeurs m'étaient revenus. Alors, comme maintenant, j'avais conclu que ce « complot » pour les tuer semblait tiré par les cheveux, comme tous les cauchemars paranoïaques des hommes violents. L'enlèvement avait pourtant joué un rôle déterminant dans ma décision. Il m'avait fallu un certain temps pour me dégager suffisamment de mon travail dans les villages et dans la paroisse d'Ibillin, mais j'étais prêt. Je jetai un coup d'œil à Père. Wardi et mes frères prendraient bien soin de lui et je viendrai en visite de temps à autre. En visite, mais sans séjourner.

Lors de mes précédents voyages en Europe, on m'avait offert un poste d'enseignement dans une prestigieuse université chrétienne. Mes supérieurs auraient certainement approuvé une telle mutation, mais, à cette époque, j'avais décliné l'offre. Maintenant, je m'en persuadai, je méritais le repos. Plus encore, j'étais presque davantage à même de faire le bien du peuple palestinien en informant les autres sur notre situation. Et puis, après tout, mes voyages n'avaient-ils pas apporté beaucoup de soutiens en prières et en argent pendant des années ? Et que pouvais-je faire d'autre ici ?

J'allais quitter Israël.

Ce matin du mois de septembre 1982 était très agréable. Je circulais en Allemagne fédérale. Je faisais des causeries dans de nombreuses églises. Ce jour-là, en particulier, je devais parler à un groupe de Böblingen, ravissante petite ville près de Stuttgart. Parcourant la chambre, je fourrageais dans ma valise et grommelais à propos de tout ce que j'avais oublié. Nazarena et Ghislaine avaient simplement hoché la tête d'un air sombre lorsque je leur avait dit que je ferai venir d'autres objets quand je serai installé. Ensuite j'écrirai à l'évêque. Il était pourtant difficile de m'habituer à la nouvelle vie que j'avais tant souhaitée. Une proposition parmi quelques autres avait failli retenir mon attention, mais quelque chose au fond de moi m'empêcha d'accepter. Non que j'eus changé d'avis ! Deux mois plus tôt, en juillet, Israël avait envahi le Liban pour une « mission de paix », bien que de nombreux soldats israéliens aient préféré des peines de prison plutôt que de faire une guerre qu'ils estimaient inutile.

Aussi m'étais-je entêté à chercher une nouvelle vie en Europe.

Peut-être, pensai-je en me rendant en hâte à l'église de Böblingen, découvrirai-je qui j'étais vraiment après cette tournée européenne.

A l'église, je commençai mon habituelle causerie par le Sermon sur la Montagne. Tout au long de mes conférences, j'avais enseigné à être un artisan de paix. Je ressentis une certaine platitude dans mes mots. Dans l'auditoire, plusieurs personnes baillèrent et un homme, assis au tout premier rang, ne cessa de regarder sa montre. Au fond, je remarquai qu'une de mes amies, rencontrée lors de précédents séjours en Allemagne fédérale, était arrivée en retard. Toutefois, acharné à poursuivre la transmission d'un message mal assuré, je ne remarquai pas son expression douloureuse.

— Et, insistai-je, en martelant mes mots au sujet de la réconciliation, il est inutile pour vous de sympathiser avec le Palestinien que je suis s'il doit en résulter la haine du peuple juif. Je ne suis pas ici dans ce but. Nous tous, devons devenir le sel de la terre. Êtes-vous d'accord ? demandai-je, en me penchant vers le micro.

Beaucoup hochaient la tête, mais mon amie, au fond, me surprit en se levant d'un bond. Je vis alors ses larmes.

— Abuna, dit-elle, la voix brisée, vous n'avez pas entendu les nouvelles ?

— Non, quelles nouvelles ?

— On a massacré des centaines de réfugiés palestiniens, au Liban, près de Beyrouth. Des hommes, des femmes, des bébés. Dans deux camps nommés Sabra et Chatila.

Je savais que tous les regards étaient braqués sur moi. Je me sentais enveloppé dans une sorte de brume cotonneuse, tourbillonnant d'émotions à travers la torpeur. Ne pouvant continuer à parler, je terminai ma causerie par une brève et trébuchante prière. En sortant de l'église, j'entendis à peine les mots de sympathie.

— Nous sommes désolés pour votre peuple.

— Une tragédie !

Un jeune homme hochait la tête, le regard plein d'une expression de complète désolation :

— Insensé. C'est insensé !

Dans ma chambre, je restai assis, rivé devant la télévision, tandis qu'un journaliste confirmait l'horrible tragédie par des détails plus évocateurs, tout au long de la journée. Des scènes d'immeubles volatilisés apparaissaient sur l'écran, ainsi que des cadavres étendus. Les présentateurs annonçaient que le bilan des tués augmentait. La milice chrétienne libanaise avait fait éruption dans les camps, avec l'intention avouée d'expulser l'O.L.P. Au lieu de cela, les miliciens avaient mitraillé tout le monde à vue, des mères avec leurs bébés dans les bras, des adolescents, des vieillards des deux sexes trop faibles pour fuir, et enterré beaucoup de cadavres au bulldozer dans des charniers.

Et, poursuivirent les présentateurs, les sources européennes au Proche-Orient avaient confirmé le bouclage des deux camps par les troupes israéliennes juste avant le massacre, écartant les journalistes et les assurant qu'elles « protégeaient » les camps malgré les échos de la fusillade qui provenait de l'intérieur.

Le gouvernement israélien allait hésiter à céder aux clameurs du monde entier qui demandait une enquête détaillée. Le Premier ministre Begin n'allait donner son aval qu'à la suite de l'insistance des citoyens israéliens, outrés par le massacre. Le monde devait apprendre la vérité : si des soldats israéliens n'avaient pas tué les habitants de Sabra et Chatila, du moins ils avaient eu connaissance du projet et avaient monté la garde tout autour des camps pendant que des innocents étaient massacrés.

Dans le monde entier, les journalistes interviewèrent des citoyens choqués et attristés par la tragédie. Le plus émouvant, ce furent les scènes qui eurent lieu à Jérusalem : des milliers de gens en deuil, Juifs et Palestiniens réunis, s'étaient rassemblés dans les rues, éclatant en sanglots et portant des bougies.

Une femme exprima d'une manière poignante l'angoisse des foules massées devant la *Knesset* :

— Je suis restée éveillée toute la nuit, pleurant et désespérant, dit-elle, le visage ravagé par la douleur. Que deviendrons-nous ? Que nous arrive-t-il ?

Lorsqu'il ne me fut plus possible de regarder plus longtemps, j'éteignis le poste et je tombai en arrière sur le lit. Devant mes yeux se profila le visage du jeune commandant de l'O.L.P. qui m'avait dit son inquiétude et son désespoir. Était-il parmi les morts ? Je me souvins du groupe de gamins qui jouaient au ballon dans la rue. Étaient-ils enterrés dans les ruines ?

Insensé... Insensé... Les mots du jeune homme dans l'église de Böblingen me tourmentaient. Le massacre était certainement insensé, mais certainement pas les vies perdues.

Alors, je me souvins d'un autre groupe de petits garçons qui jouaient au football bien des années auparavant, sur un terrain sablonneux. J'étais parmi eux. J'avais trouvé le bras enterré dans le sable. Mais moi, j'avais vécu. Cela aussi était-il insensé ? Un accident ? Une chance ? Ou bien y avait-il une raison quelconque pour laquelle j'avais été épargné ?

C'est alors que je le vis, traînant dans la valise que j'avais par hasard ouverte ce matin, le collier de Mère. Il était le seul souvenir que j'avais emporté. Je retournai la valise : les colombes et les poissons tintinnabulèrent joyeusement tandis que je pris le collier dans mes mains.

Le son me restitua la voix de Mère : Sois fort, Élias. Ce que tu fais, c'est important. Surtout pour les jeunes.

Maintenant, ses paroles me brûlaient intérieurement, me consumaient. Permettre simplement au temps de déposer sa poussière sur ces récents cadavres serait agir comme ceux qui avaient ignoré les souffrances des Juifs pendant des siècles ou comme ceux qui avaient tourné le dos à mon propre peuple.

Ces pensées firent jaillir un autre souvenir, tiré des écrits de l'apôtre Paul à ses amis de Colosse :

> En ce moment, je trouve ma joie dans les souffrances que j'endure pour vous, et je complète en ma chair ce qui manque aux épreuves du Christ...

Là résidait un mystère, un grand trésor de la foi qui m'était jusqu'alors demeuré obscur. Désormais, je comprenais que Paul avait donné ses mains, ses pieds, sa langue et son corps tout entier afin de poursuivre l'œuvre du Christ après sa mort.

Devais-je rentrer ? Si cela impliquait plus de difficultés, une vie dominée par la violence et peut-être la mort ? Pouvais-je encore, en poursuivant la longue et lente tâche, enseigner aux jeunes les trésors du Sermon sur la Montagne, les diriger vers la paix véritable ? Je n'en étais pas certain, mais il m'était impossible d'oublier les visages apparus à l'instant sur l'écran de télévision : jeunes et vieux du monde entier, en larmes, liés par leur ardent désir de paix.

Ce calme intérieur m'interpella de nouveau. Un calme qui semblait venir d'une main familière et apaisante.

Je regardai le collier de Mère enroulé dans ma paume. Chaque lien avait été martelé et ouvragé à la main par un habile artisan.

Jusqu'alors, je n'avais pas vraiment compris ce qu'était la paix. Elle ne ressemblait en rien à un fil ténu, comme je l'avais cru, mais à une chaîne. Chaque maillon avait son importance, à sa place.

Mes deux engagements, l'un envers Dieu, l'autre envers mon peuple, étaient devant moi, inextricablement liés. Soudain, mon choix fut clair : être du côté de Dieu, plus puissant que la force humaine.

Je compris où était ma place. Non dans une existence confortable, mais là où les villages et les églises retrouvaient le chemin de l'unité ; où les écoles, les centres communautaires se construisaient. Là, au milieu du bruit terrible de la violence, je pouvais entendre murmurer l'Homme de Galilée : « Voyez, je fais toute chose nouvelle. »

Debout, le vieux collier bien lové au creux de ma main, je sortis de la chambre. Il me fallait trouver le téléphone le plus proche et prendre mon billet de retour. Nazarena et Ghislaine seraient surprises de me voir.

TABLE DES MATIÈRES

Pour quoi je vis

Gérard Bessière	*Journal étonné,* 1 et 2
P. Bridonneau	*L'Odeur et la Peur*
A.-M. Carré	*Chaque jour je commence*
A.-M. Carré	*Plus tard tu comprendras*
C. Carretto	*J'ai cherché et j'ai trouvé*
É. Chacour	*Frères de sang*
G. Chevassus	*Mon Dieu vers qui je cours*
Yvonne Dubois	*La Vallée des cyclamens*
Petru Dumitriu	*Zéro ou le point de départ*
Bruno Hussar	*Quand la nuée se levait*
V. Malka	*Aujourd'hui, être juif*
Michaëlle	*Mon jardin après la pluie*
Jeannette Roussel	*Une espérance obstinée*
Jacques Sèvre	*A visage découvert : un professeur témoigne*
Christian Troubé	*Comment te nommer, Liban ?*
J. Vimort	*Au plaisir de croire*

Directeur de la collection : *Hyacinthe Vuilliez.*

La composition et l'impression de cet ouvrage
ont été réalisées par l'Imprimerie CLERC
18200 Saint-Amand - Tél. : 48-96-41-50
pour le compte des ÉDITIONS DU CERF
29, boulevard Latour-Maubourg - PARIS

Éditeur n° 8085

Imprimeur n° 3441

Achevé d'imprimer en Septembre 1986